RAUS UND E-BIKEN

OSTSCHWEIZ ZÜRICH

25

AUSSERGEWÖHNLICHE
RUNDTOUREN
MIT DEM E-BIKE

Kümmerly+Frey

Dein Wegweiser

Seite

Dein Überblick – Alle Touren in einer Karte 4

Dein Ausblick – Kurzinfos zu allen Touren 6

Dein Guide – Die Autorin des Bands 14

Deine Verantwortung – Sicherheit und Rücksicht 15

Deine Raus-Momente – Eintauchen in die Natur 16

Deine Region Ostschweiz und Zürich – Was dich erwartet 18

Deine Touren – Los geht's! 20

Dein E-Bike-Lexikon – Die wichtigsten Begriffe erklärt 172

Deine Orientierung – Download der GPX-Tracks 174

Dein Raus-Moment

Unsere Touren führen dich zu Plätzen, an denen die Schönheit der Natur den Atem verschlägt, zu Aussichten, die das Versprechen von Freiheit in sich tragen, und an Orte der Stille, an denen der Alltag in den Hintergrund rückt. So erlebst du unvergessliche Augenblicke in der Ostschweiz und um Zürich.

Dein Überblick

25 Touren in der Ostschweiz und um Zürich

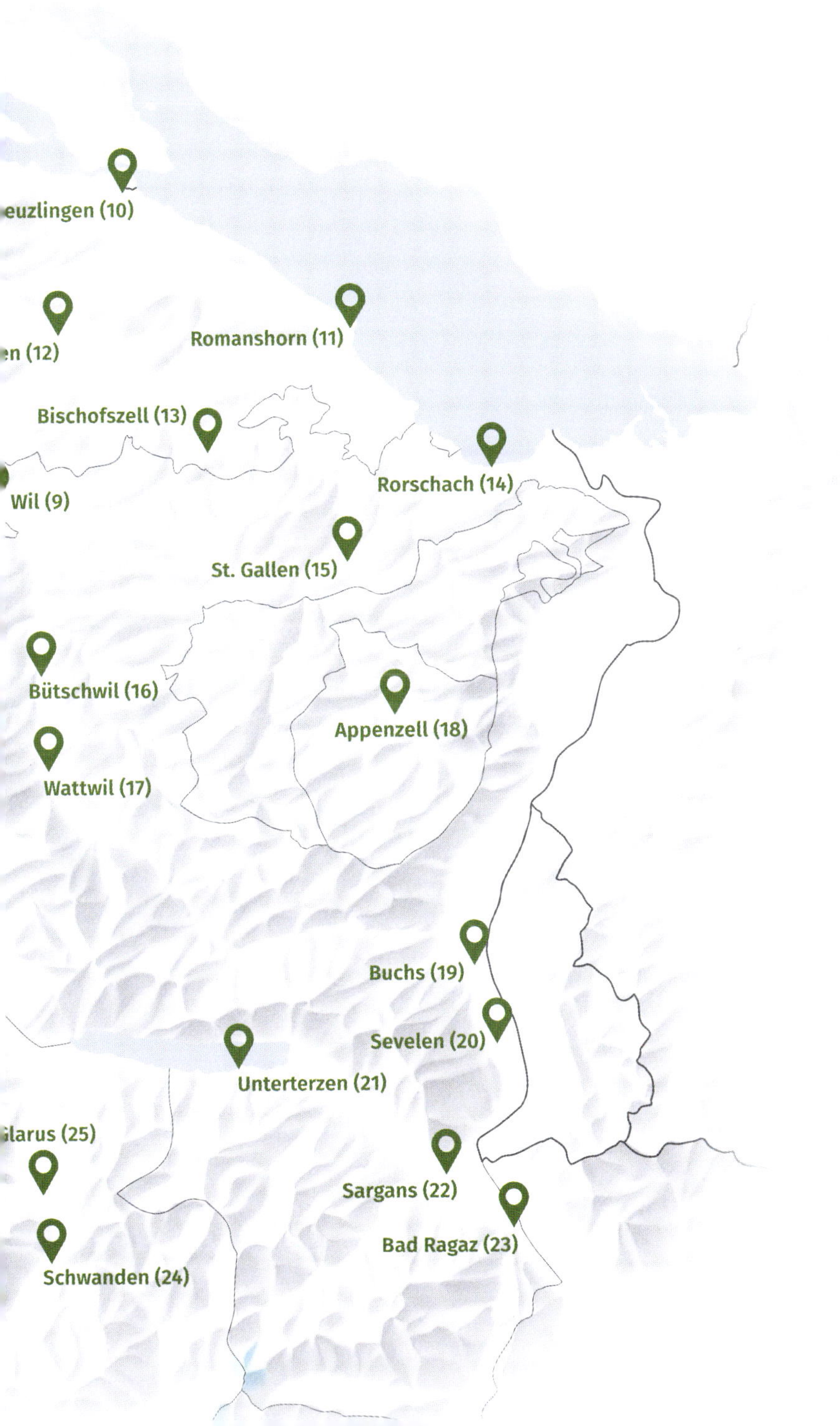
euzlingen (10)
Romanshorn (11)
en (12)
Bischofszell (13)
Rorschach (14)
Wil (9)
St. Gallen (15)
Bütschwil (16)
Appenzell (18)
Wattwil (17)
Buchs (19)
Sevelen (20)
Unterterzen (21)
larus (25)
Sargans (22)
Bad Ragaz (23)
Schwanden (24)

Unterwegs auf dem Albis und im Sihlwald

Von Zürich nach Sihlbrugg

Schwierigkeit: mittel
Länge: 55 km
Dauer: 3 Std. 30 Min.

S. 22

Die Region zwischen Winterthur und Zürich

Von Illnau nach Embrach

Schwierigkeit: leicht
Länge: 39 km | Dauer: 2 Std.

S. 40

Nordostschweizer Kultur-Tour

Von Winterthur nach Stein am Rhein

Schwierigkeit: mittel
Länge: 67 km
Dauer: 4 Std. 30 Min.

S. 46

Sportlich rund um den Zürichsee

Seerunde gegen den Uhrzeigersinn

Schwierigkeit: schwer
Länge: 99 km
Dauer: 5 Std. 30 Min.

S. 28

Zwei Seen auf einen Streich

Rund um Pfäffikersee und Greifensee

Schwierigkeit: mittel
Länge: 51 km
Dauer: 3 Std.

S. 34

Durchs Zürcher Weinland

Von Andelfingen zum Rheinfall

Schwierigkeit: mittel
Länge: 55 km
Dauer: 3 Std. 30 Min.

S. 52

Rund um Deutschland

Unterwegs bei Schaffhausen

Schwierigkeit: leicht
Länge: 37 km
Dauer: 2 Std. 30 Min.

S. 58

Schauenberg-Umrundung mit Weitblicken

Von Eschlikon nach Kollbrunn

Schwierigkeit: leicht
Länge: 45 km | Dauer: 2 Std. 30 Min.

S. 64

Wasser- und Waldtour

Von Kreuzlingen nach Stein am Rhein

Schwierigkeit: mittel
Länge: 61 km
Dauer: 4 Std.

S. 76

Durch die idyllische Hügellandschaft bei Wil

Von Wil nach Aadorf

Schwierigkeit: leicht
Länge: 42 km
Dauer: 2 Std. 30 Min.

S. 70

Klassische Bodensee-Route

Zwischen Romanshorn und Kreuzlingen

Schwierigkeit: leicht
Länge: 47 km
Dauer: 2 Std. 30 Min.

S. 82

Die Öpfel-Tour

Von Weinfelden nach Altnau

Schwierigkeit: leicht
Länge: 44 km
Dauer: 2 Std. 30 Min.

S. 88

Natur und Kultur unter einem Hut

Von Bischofszell nach Arbon

Schwierigkeit: leicht
Länge: 44 km
Dauer: 2 Std. 30 Min.

S. 30

Bodensee-Tiefblicke

Von Rorschach auf den Ruppenpass

Schwierigkeit: mittel
Länge: 41 km
Dauer: 3 Std. 30 Min.

S. 100

Die grosse Säntis-Tour

Von Wattwil zum Säntis

Schwierigkeit: schwer
Länge: 70 km
Dauer: 5 Std. 30 Min.

S. 118

Die Region St. Gallen

Von St. Gallen nach Uzwil

Schwierigkeit: mittel
Länge: 49 km
Dauer: 3 Std.

S. 106

Berge, Täler, Schluchten

Von Bütschwil auf die Farneralp

Schwierigkeit: schwer
Länge: 69 km
Dauer: 5 Std.

S. 112

Genusstour im Appenzellerland

Rund um die Hundwiler Höhi

Schwierigkeit: mittel
Länge: 49 km
Dauer: 3 Std. 30 Min.

S. 124

Ölberg-Runde

Von Buchs nach Wildhaus

Schwierigkeit: schwer
Länge: 42 km
Dauer: 3 Std. 30 Min.

S. 130

Rund um die Churfirsten

Von Sevelen über die Alp Sellamatt und über den Walensee retour

Schwierigkeit: schwer
Länge: 97 km
Dauer: 7 Std. 30 Min.

S. 136

Ins Schutzgebiet Calfeisental

Bad Ragaz – Stausee St. Martin

Schwierigkeit: schwer
Länge: 52 km
Dauer: 4 Std.

S. 154

Durch das Sernftal

Von Schwanden nach Elm

Schwierigkeit: mittel
Länge: 37 km
Dauer: 3 Std.

S. 160

Churfirsten-Panorama vom Flumserberg

Unterterzen – Flumserberg

Schwierigkeit: mittel
Länge: 32 km | Dauer: 3 Std. S. 142

Durch die Taminaschlucht

Sargans – St. Margrethenberg

Schwierigkeit: mittel
Länge: 43 km
Dauer: 3 Std. S. 148

Das Klöntal in seiner gesamten Länge

Glarus – Klöntalersee – Pragelpass

Schwierigkeit: schwer
Länge: 46 km | Dauer: 4 Std. S. 166

Dein Guide

Die Autorin des Bands

Maria Strobl

Maria Strobl ist begeisterte Mountainbikerin, auch zu Fuss so oft als möglich outdoor unterwegs und freut sich, dass sie mittlerweile ihre Leidenschaften für Bücher und die Natur beruflich miteinander verbinden kann. Mit dem Campingbus zieht es sie dabei nicht in die weite Welt hinaus, lieber lernt sie nahe Ziele kennen, diese dafür ganz genau. Sie lebt mit ihrer Familie in Tirol, schreibt Freizeitführer und hat als Druckvorstufentechnikerin schon unzählige Bücher gestaltet – dass sich das alles mit dem Unterwegssein verbinden lässt, empfindet sie als grosses Glück. In diesem Sinne war die Arbeit am vorliegenden Buch für sie ein ganz besonderer Glücksfall: Das Planen und Erkunden der 25 hier vorgestellten Touren führte sie an Orte in der nahen Schweiz, die ihr teils bis dahin unbekannt waren und zu einer grossen Zuneigung zu diesem abwechslungsreichen Nachbarland führten. Beim anschliessenden Gestalten des Buchs wuchs dann langsam die Erkenntnis: Hier gibt es noch viel zu entdecken!
@grafik.und.textwerk

Deine Verantwortung

Sicherheit und Rücksicht

Kümmerly+Frey will dir mit dieser Tourensammlung traumhafte Momente in der Natur bescheren. Damit auch andere und kommende Generationen diese Augenblicke geniessen können, ist eigenverantwortliches und respektvolles Verhalten gegenüber Natur und Mitmenschen Voraussetzung. Aber auch zu deiner Sicherheit lohnt es sich, ein paar Verhaltensregeln zu beachten.

Wenn möglich, reise mit den öffentlichen Verkehrsmitteln oder dem Fahrrad an.

Respektiere die Grenzen der Natur und deine eigenen Grenzen, um dich und andere nicht in Gefahr zu begeben.

Halte Abstand zu Kühen und verhalte dich ruhig, vor allem wenn Kälber Teil der Herde sind. Respektiere auch andere Tiere, zum Beispiel indem du Wildtiere nicht störst und auch zu ihnen Abstand hältst.

Bleibe auf den markierten Wegen oder Trails und schliesse Weidezäune.

Hinterlasse die Natur, wie du sie vorgefunden hast. Vermeide Abfall, auch Papiertaschentücher haben nichts in der Natur verloren.

Nimm Rücksicht auf andere Wegnutzer:innen, damit alle ihren Freizeitaktivitäten unter den besten Bedingungen nachgehen können.

Das Gemeinsame steht im Vordergrund – ein Gruss an Entgegenkommende gehört dazu. In diesem Sinne:

Grüezi!

Deine Raus-Momente

Eintauchen in die Natur

Draussen zuhause

Es sind diese Augenblicke, in denen man sich in der Natur verliert und aus dem Alltag heraustritt. Wenn sich der Trail vor einem windet, die Landschaft vorbeizieht und man sich völlig frei fühlt. Es sind diese Momente, in denen der Kopf abschaltet, der Puls steigt und man nur im Hier und Jetzt ist, die Energie und pure Freude schenken. Doch manchmal lohnt es sich, kurz innezuhalten – den Blick über die Landschaft schweifen zu lassen, die Stille zu geniessen und den Moment bewusst wahrzunehmen. Denn auch das gibt Motivation, sich immer wieder aufs Bike zu schwingen.

Die Touren in diesem Veloführer führen dich zu Orten, die wie gemacht sind für solche Raus-Momente. Egal ob an einem stillen Seeufer, in einem dichten Wald oder auf einer Anhöhe – hier kannst du deine Seele baumeln lassen.

Einstimmen

Um deinen Körper auf eine Velotour einzustimmen und das Verletzungsrisiko zu senken, helfen Aufwärmübungen von ca. 10 bis 15 Minuten. Vor allem in der kühlen Jahreszeit empfiehlt es sich, den Körper auf Betriebstemperatur zu bringen. Hampelmänner und am Stand Laufen stimmen das Herz-Kreislauf-System auf die Belastung ein. Mögliche Aufwärmübungen sind zudem Schwungübungen wie dynamisches Rotieren des Oberkörpers mit Armschwung als Ausgleich zur statischen Sitzposition am Velo und Beinpendeln im Einbeinstand vor und zurück sowie vor dem Oberkörper nach rechts und links. Kniebeugen und abwechselnde Ausfallschritte wärmen gezielt Oberschenkel- und Gesässmuskulatur auf, die beim Velofahren am meisten beansprucht werden. Jede Übung wird für eine Minute ausgeführt mit 15 Sekunden Pause. Dabei wechselt man eine Kreislauf-, eine Schwungübung und eine kräftigende Übung ab. Die Konzentration auf eine saubere Ausführung der Übungen lässt dich ausserdem in deinem Körper ankommen und verbessert die Geist-Muskel-Verbindung.

Durchatmen

Einmal unterwegs kann man während einer Pause inmitten der Natur eine Atemübung integrieren, die weiter entschleunigt. Wenn man die Bauchatmung übt, gelangt auch mehr Sauerstoff in die Lungenflügel, was langfristig ermöglicht, beim Sport die volle Lungenkapazität auszuschöpfen. Nimm dazu eine bequeme Haltung ein – das kann im Sitzen, mit leicht gebeugten Knien im Stehen oder im Liegen sein. Lege eine Hand auf die Brust und eine auf den Bauch. Schliesse die Augen oder blicke in die Ferne, ohne einen bestimmten Punkt zu fixieren. Atme für 10–20 Atemzüge tief durch die Nase ein, sodass dein Bauch gegen die Hand drückt, und langsam durch den Mund aus, wobei sich der Bauch senkt. Diese Atemtechnik soll das Nervensystem beruhigen und helfen, dich zu entspannen und in der Natur anzukommen. Auch die Wechselatmung, die Yogis als Nadi Shodhana kennen, kann eine mögliche Atemübung sein.

Mit allen Sinnen

Neben dem Fokus auf den Atem hilft das bewusste Wahrnehmen der Umgebung, sich im Moment zu erden und mit der Natur verbun-

den zu fühlen. Während deiner Pausen kannst du dir immer wieder Momente nehmen, um mit allen Sinnen präsent zu sein. Versuche, den Gesang der Vögel, das Rauschen des Windes oder den Geruch der Umgebung bewusst wahrzunehmen. Zusätzlich kannst du während einer Pause die folgende Übung der Fünf-Sinne-Wahrnehmung einbauen. Bleibe dafür stehen und nimm dir Zeit. Schliesse die Augen und konzentriere dich zuerst auf das, was du hörst. Vielleicht hörst du den Wind, Vogelgezwitscher oder das Rascheln der Blätter. Öffne dann die Augen und achte auf die Farben und Formen um dich herum – das Grün der Blätter, das Blau des Himmels, das Braun der Baumstämme. Um anschliessend den Tastsinn zu aktivieren, fühle bewusst den Boden unter deinen Füssen und was sich in deiner Umgebung findet, wie Blätter, die Rinde eines Baumes oder das Wasser eines Baches. Atme nun tief ein und nimm wahr, was du riechst. Erkunde auch deine Umgebung mit der Nase. Für den Geschmackssinn kannst du vielleicht sogar etwas kosten, wie Beeren oder essbare Kräuter – bitte nur, wenn du sicher bist, dass sie essbar sind. Auch ohne etwas zu essen, kannst du dich fragen, wie die Luft schmeckt. Nimm dir zum Abschluss Zeit, wie du deine Umgebung nun verändert wahrnimmst.

Verbundenheit

Am Ende deiner Velotour oder wenn du unterwegs einen besonders schönen Augenblick geniesst, nimm dir einen Moment, um Dankbarkeit zu empfinden. Du kannst dies still in dir tun oder auch laut aussprechen. Das Glück im Inneren zu suchen und kleine Glücksmomente zu feiern, kann helfen, die eigene Zufriedenheit zu steigern.

Mit diesen einfachen Übungen und bewussten Momenten wollen wir dich unterstützen, die Velotour nicht nur als körperliche Aktivität zu erleben, sondern als eine ganzheitliche Erfahrung. Lass dich auf deine Raus-Momente ein und geniesse die Zeit in der Natur in vollen Zügen.

Deine Region Ostschweiz und Zürich

Was dich erwartet

Die Region Ostschweiz und Zürich vereint auf einzigartige Weise die lebendige Kultur und Infrastruktur urbaner Zentren mit der ruhigen, unberührten Natur der Schweizer Landschaften. Von den pulsierenden Strassen Zürichs bis hin zu den stillen Tälern des Appenzellerlands eröffnet sich hier eine Vielfalt an Eindrücken, die Natur- und Kulturliebhaber gleichermassen begeistert. Zürich, als internationaler Knotenpunkt und wirtschaftliches Zentrum, zieht mit einer Mischung aus historischem Charme und moderner Architektur Besucher an, während die Ostschweiz vor allem durch ihre landschaftliche Vielfalt punktet: Sanft geschwungene Hügel, weite Wiesen und klare Seen begeistern Naturfreunde ebenso wie die schroffen Berggestalten von Alpstein und Glarner Alpen. Dank der hervorragenden Verkehrsanbindung ist es leicht, all dies zu erkunden und selbst entlegene Orte unkompliziert zu erreichen. Apropos öffentlicher Verkehr: Unterwegs auf den Bergstrassen kann es sein, dass man den bereits seit 1924 verwendeten Dreiklang der Postautos vernimmt, die damit vor Kurven auf sich aufmerksam machen.

Die öffentlichen Verkehrsmittel der Region, allen voran das dichte Netz von Bussen, Schienenverkehr und Bergbahnen, bieten zahlreiche Möglichkeiten, bequem und umweltschonend von A nach B zu gelangen. Von den Orten mit Bahnhöfen lassen sich durch Anschlussverbindungen auch die kleineren, landschaftlich reizvollen Gebiete der Ostschweiz, wie das Zürcher Oberland oder das Toggenburg, bequem erreichen. Die meisten Busse transportieren auch Velos, so kann man oft ohne anstrengende Anfahrt direkt ins Abenteuer starten oder eine Tour bei Bedarf auch einmal etwas abkürzen.

Die Schweiz hat ein hervorragend ausgebautes E-Bike-Netzwerk, das mit zahlreichen Ladestationen in und um Zürich, entlang der touristischen Routen und in den kleineren Gemeinden aufwartet. Viele dieser Ladestationen sind strategisch an viel besuchten Ausflugszielen, wie dem Türlersee, dem Greifensee oder am Wildnispark Zürich Sihlwald, positioniert. So kann man die Touren in Ruhe geniessen, ohne sich über die Reichweite der E-Bike-Akkus Gedanken machen zu müssen. Typische Ladestationen bieten in der Regel eine kompatible Standard-Steckdoseninfrastruktur, sodass ein Ladegerät rasch angeschlossen ist und während einer kurzen Pause am See oder im Restaurant aufgeladen werden kann. Oft ist es gar nicht nötig, ein eigenes Kabel dabeizuhaben. Einen guten Überblick über die verfügbaren Ladestationen bietet die Website bike-energy.com/wo-kann-ich-mein-e-bike-laden.

Egal ob man die idyllischen Landschaften geniessen, durch urbane Zentren Velo fahren oder eine sportliche Herausforderung suchen möchte – die Region Ostschweiz und Zürich hält eine unvergleichliche Bandbreite an Möglichkeiten bereit.

In diesem Sinne wünsche ich viel Spass beim Entdecken und eine allzeit unfallfreie Fahrt!

Maria Strobl

Raus und E-Biken

Deine Touren

Highlights

- Aussicht auf dem Albis
- ländliches Knonaueramt
- Natur pur im Sihltal
- Wildnispark Zürich Sihltal
- abwechslungsreiche Trails

01

Von Zürich nach Sihlbrugg

Unterwegs auf dem Albis und im Sihlwald

Eine abwechslungsreiche Tour hinauf auf die Albiskette und dann auf besonders schönen Trails durch den Sihlwald und entlang der Sihl. Eine Biketour, die man gleich nochmal machen möchte.

Länge	55 km
Dauer	3 Std. 30 Min.
Schwierigkeit	mittel
Technik	S0–S1
Untergrund	31 km Asphalt, 24 km Naturbelag
Tourenart	Rundtour

Direkt nach der Stadtgrenze von Zürich führt uns diese Tour durch eine herrliche Region mit beschaulichem Landleben – ein eindrucksvoller Kontrast zur Grossstadt.

Höhenlage	410 m / 800 m
Aufstieg	760 m
Abstieg	760 m

Mit der SchweizMobil-Bikeroute Nr. 22 starten wir in **Zürich** am **Hauptbahnhof**. Sie führt uns südwestlich an der Sihl entlang aus der Stadt hinaus und hinein in die lauschige Idylle. Wir verlassen bald den Fluss und fahren hinauf auf den **Albis**, welcher parallel zum Zürichsee verläuft. Auf diesem fahren wir Richtung Süden und haben dabei eine tolle Sicht auf die Glarner, die Zentralschwei-

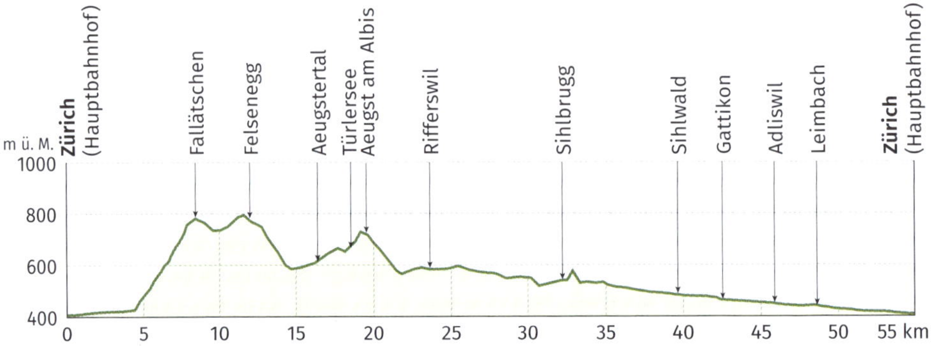

zer und die Berner Alpen. Nach einigen Kilometern auf dem Höhenzug führt der Weg hinab ins **Aeugstertal**, wo wir im gleichnamigen Ort ein ehemaliges Kloster passieren.

Vorbei am idyllischen **Türlersee** führt uns die Route anschliessend durch das hübsche Dorf **Aeugst am Albis**, das umrahmt von grünen Wiesen liegt. Nun rollen wir durch das ländlich geprägte Knonaueramt, auch „Säuliamt" genannt, und kommen durch **Rifferswil**, **Kappel am Albis** und **Büessikon**.

E-Bike-Ladestation in Rifferswil

An der Weggabelung mit dem grossen steinernen Kreuz können wir entweder nach rechts zur Sihlbruggstrasse fahren und ihr links entlang nach **Sihlbrugg** folgen. Wenn wir uns am Kreuz links halten, umrunden wir eine Deponie und stossen etwas weiter unten auf die Sihlstrasse. So oder so sind wir rasch in Sihlbrugg, wo wir nach dem Kreisverkehr die Sihl überqueren und uns eine Einkehr in der **Krone Sihlbrugg** oder in **Dukes Restaurant Sihlbrugg** gönnen können, um uns für die nächste Etappe durch den Sihlwald zu stärken.

Viele kennen das **Sihltal** nur von den Staumeldungen aus dem Radio. Eingeklemmt zwischen Albiskette und Zürichsee bildet es einen natürlichen Engpass auf dem Weg von Zürich in die Zentralschweiz. Trotz des vielen Verkehrs findet man im unteren Sihltal aber noch Natur pur. Jenseits der Sihl schlängelt sich ein herrlicher Trail am Fluss entlang, die Ufer gesäumt vom wunderbaren **Sihlwald**. Er ist der grösste zusammenhängende Mischwald im Schweizer Mittelland und darf sich ganz offiziell als „Naturerlebnispark – Park von nationaler Bedeutung" bezeichnen. Der Wald steht also unter Schutz, seit fast zwei Jahrzehnten wird die Natur weitgehend sich selbst überlassen, alte Baumriesen und knorriges Totholz prägen die Szenerie. Dem Umstand, dass er einst intensiv forstwirtschaftlich

Dein Raus-Moment

Ein Abstecher zum idyllischen **Türlersee**, den man auf einem schönen Seeweg umrunden kann, lohnt in jedem Fall. Strände und Stege bieten naturnahe Bademöglichkeiten, es gibt mehrere schöne Grillstellen. Wie wär's, wenn du dir ein Ruderboot oder ein Stand-up-Paddle für eine kleine Pause auf dem Wasser ausleihst? Dann noch ein Eis mit den Füssen im Wasser, bevor es weitergeht – herrlich!

genutzt wurde, verdankt er sein grosszügiges, öffentlich zugängliches Wegenetz.

Unsere Biketour führt uns durch dieses kleine Paradies am Ufer der Sihl entlang, immer flussabwärts verläuft der herrliche Trail. Wer mag, kann an dem kleinen Holzsteg einen kurzen Abstecher ans andere Flussufer einlegen: Hier gibt es einen tollen Spielplatz, Feuerstellen und Infos rund um den Wildnispark Zürich Sihltal.

E-Bike-Ladestationen in Adliswil: Webereistrasse 60a

Bei **Langnau a. A.** verengt sich der Weg für ein kurzes Stück zu einem schmaleren Pfad, geht aber rasch wieder in einen breiteren Schotterweg über. Stets direkt am Fluss entlang erreichen wir vor dem Stadtgebiet von **Zürich** wieder den Weg, den wir bereits von unserem Tourbeginn her kennen, und gelangen auf ihm zum Ausgangspunkt am **Hauptbahnhof** zurück.

Kultur	●●●●●●
Landschaft	●●●●●●
Familie	●●●●○○

Anfahrt

ÖV: Zürich Hauptbahnhof

Mit dem Auto: Am Limmattaler Kreuz durch das Limmattal nach Zürich hinein gelangt man direkt zum Hauptbahnhof in Zürich, Parkmöglichkeiten beispielsweise im Parkhaus.

Gemütlich reinsetzen

Eichhörnli,
Sonnenbergstrasse 1, Aeugst am Albis
Krone Sihlbrugg,
Sihlbrugg 4, Sihlbrugg-Hirzel
Dukes Restaurant Sihlbrugg,
Sihlbrugg, Sihlbrugg-Hirzel

Kartentipp

Kümmerly+Frey Velokarte 6 Zürich 1:60 000

Dein Raus-Moment
01
ZÜRICH
Landesmuseum
Niederdorf
Kunsthaus
Grossmünster
Fraumünster
Stadion Letzigrund
Albisrieden
Wiedikon
Triemli
Friesenberg
Museum Rietberg
Enge
Seefeld
Botan. Garten
Riesbach
Zürichhorn
Uto Kulm
Üetliberg
Ringlikon
Sellenbüren
Wettswil a.A.
Stallikon
Bonstetten
Wollishofen
Rote Fabrik
Mönchhof
Goldbach
Bendlikon
Kilchberg (ZH)
Küsnacht (ZH)
Rüschlikon
Erlenbach (ZH)
Zollikon
Zumikon
Itschnach
Höchhus
Wulp
Heslibach
Unt. Leimbach
Mittel
Ob. Leimbach
Sood
Falletschen
Rellsten
Gamlikon
Felsenegg
Adliswil
Hedingen
Buechenegg
Sihlhau
Chopf
Wildpark
Langnau a.A.
Thalwil
Herrliberg
Gattikon
Oberrieden
Naturzentrum Sihlwald
Affoltern a.A.
Breitlen
Albis
Albispasshöhe
Türlersee
Aeugst a.A.
Wildnispark
Hochwacht
Schnabelburg
Schnabellücke
Zürich
Bürglen
Albishorn
Sihlwald
Horgen
Stn. Horgen
Rifferswil
Mettmenstetten
Hausen a.A.
Heisch
Zwingli-Denkmal
Kappel a.A.
Klosterkirche
Ebertswil
Milchsuppenstein
Sihlbrugg
Sihlzopf
Hirzel
Knonau
Uerzlikon
Deimikerwald
Walterswil
Neuheim
Utigen
1:90 000

Highlights

- historisches Rapperswil
- zahlreiche Badis
- Trubel und Sehenswürdigkeiten in Zürich
- Holzsteg zwischen Pfäffikon und Rapperswil

Länge	99 km
Dauer	5 Std. 30 Min.
Schwierigkeit	schwer
Technik	S0
Untergrund	85 km Asphalt, 14 km Naturbelag
Tourenart	Rundtour

Seerunde gegen den Uhrzeigersinn

Sportlich rund um den Zürichsee

02

Ja, die Tour ist lang. Und ja, sie ist auch anstrengend. Sollte man sie trotzdem wagen? Unbedingt! Historische Städtchen, wunderbare Badis, zahlreiche Sehenswürdigkeiten und als steter Begleiter der See – was will man mehr?

Der frühe Vogel fängt den Wurm: Wer die fast 100 Kilometer lange, aber fast ausnahmslos ebene Schleife um den See entspannt meistern und unterwegs noch Zeit für das eine oder andere Bad haben möchte, sollte sich rechtzeitig auf den Weg machen. Wir starten am barrierefreien Bahnhof **Rapperswil SG** (beginnen kann man die Tour aber auch von jedem anderen beliebigen Punkt am See). Weite Teile der mittelalterlichen Stadt stehen unter Denkmalschutz, zusammen mit den vielen Rosen in den Gassen, die sich auch im Stadtwappen wiederfinden, ergibt sich ein sehr charmantes

Höhenlage	410 m / 450 m
Aufstieg	410 m
Abstieg	410 m

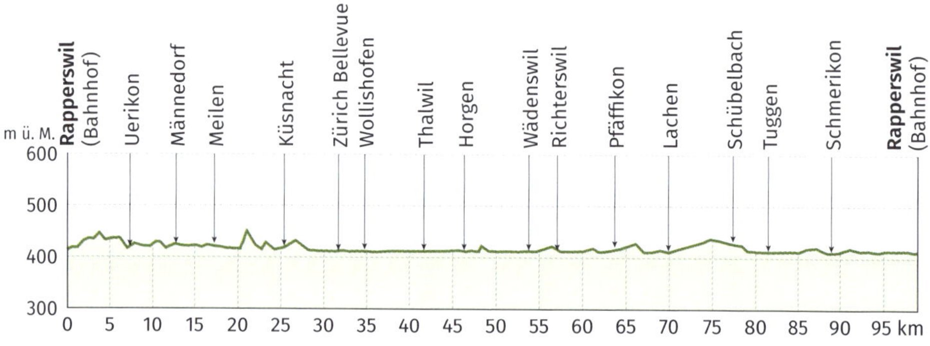

Gesamtbild. Abgerundet wird es noch durch das Wahrzeichen der Stadt: das Schloss, das über der Stadt und dem See thront.

Der Bahnhof liegt direkt am See. Nahe der berühmten **Holzbrücke** an der Nahtstelle zwischen Ober- und Zürichsee geht es am Hafenbecken entlang, bevor wir Ausschau nach der Wegmarkierung „Veloweg Nr. 66" halten. Dieser Weg folgt dem Verlauf der mondänen Goldküste, des rechten Ufers des Zürichsees, das – exklusive Landsitze und Villen lassen es vermuten – seinen Namen dem Wohlstand seiner Bewohner verdankt. Gelegenheiten zum Sprung ins erfrischende Nass gibt es immer wieder, etwa in den Badis von **Uetikon**, **Feldmeilen** oder **Küsnacht**, wo sich auch ein Abstecher zum idyllischen Küsnachter Tobel oder zur Drachenhöhle anbietet.

Durch **Zürich** selbst führen viele Wege – wir wählen den schnellsten direkt am Seeufer, vorbei am **Arboretum**, an das sich der Yachthafen und das beliebte und wunderschön gelegene Seebad Enge anschliessen.

Dein Raus-Moment

Am **Arboretum** in Zürich, auch als Rentenwiese bekannt, fahren wir direkt vorbei – nutz' doch die Gelegenheit, um hier eine kleine Pause einzulegen! Bereits in den 80er-Jahren des 19. Jahrhunderts wurde der Park angelegt, auch heute erfreut er sich noch sehr grosser Beliebtheit. Auf den weitläufigen Rasenflächen gibt es zahlreiche grosse Bäume, in deren Schatten man herrlich ausspannen kann. In der Voliere können einheimische und exotische Vögel bestaunt werden.

E-Bike-Ladestation in Zürich: Seestrasse 395

Weitere Badis reihen sich wie Perlen an einer Schnur am linken Seeufer aneinander, alle sind sie schnell von der Seestrasse aus zu erreichen, die wir sportlich flott entlangfahren. Nach 60 Kilometern haben wir schliesslich **Pfäffikon** erreicht. Der historische Holzsteg, der das nahe **Hurden** mit Rapperswil verbindet, ist zwar für Fussgänger reserviert, parallel dazu bietet der Seedamm aber die Möglichkeit, die Tour abzukürzen.

E-Bike-Ladestation in Wangen: Rütihof 3

Aber unsere Puste reicht doch noch aus, oder? Dann nehmen wir natürlich noch die Schleife um den **Obersee** in Angriff! Die Veloland-Route Nr. 32 und ab **Buttikon** Nr. 76 verlässt hinter **Lachen** das erste und einzige Mal das Seeufer, um uns im Süden des Buechbergs über **Tuggen** zur **Linth** zu führen. Dort kommt dann wieder der See in Sicht, der entlang der Route Nr. 9 bis zum Ziel in **Rapperswil** unser treuer Begleiter bleibt.

Kultur	●●●●●●
Landschaft	●●●●●●
Familie	●○○○○○

Anfahrt

ÖV: Bahnhof Rapperswil

Mit dem Auto: A 15, Ausfahrt 13 (Jona); geradeaus über die Rickenstrasse und die St. Gallerstrasse durch die Stadt, die Jona geradeaus überqueren, kurz vor dem Hafen links zum Bahnnhof.

Gemütlich reinsetzen

Seerestaurant Steinbock,
Marktgasse 25, Rapperswil-Jona

Sonnengalerie, Seestrasse 120, Küsnacht

Samigo Amusement,
Mythenquai 59, Zürich

Restaurant Schiff,
Unterdorfstrasse 21, Freienbach

Kartentipp

Kümmerly+Frey Velokarte 6 Zürich 1:60 000

Dein Raus-Moment

02

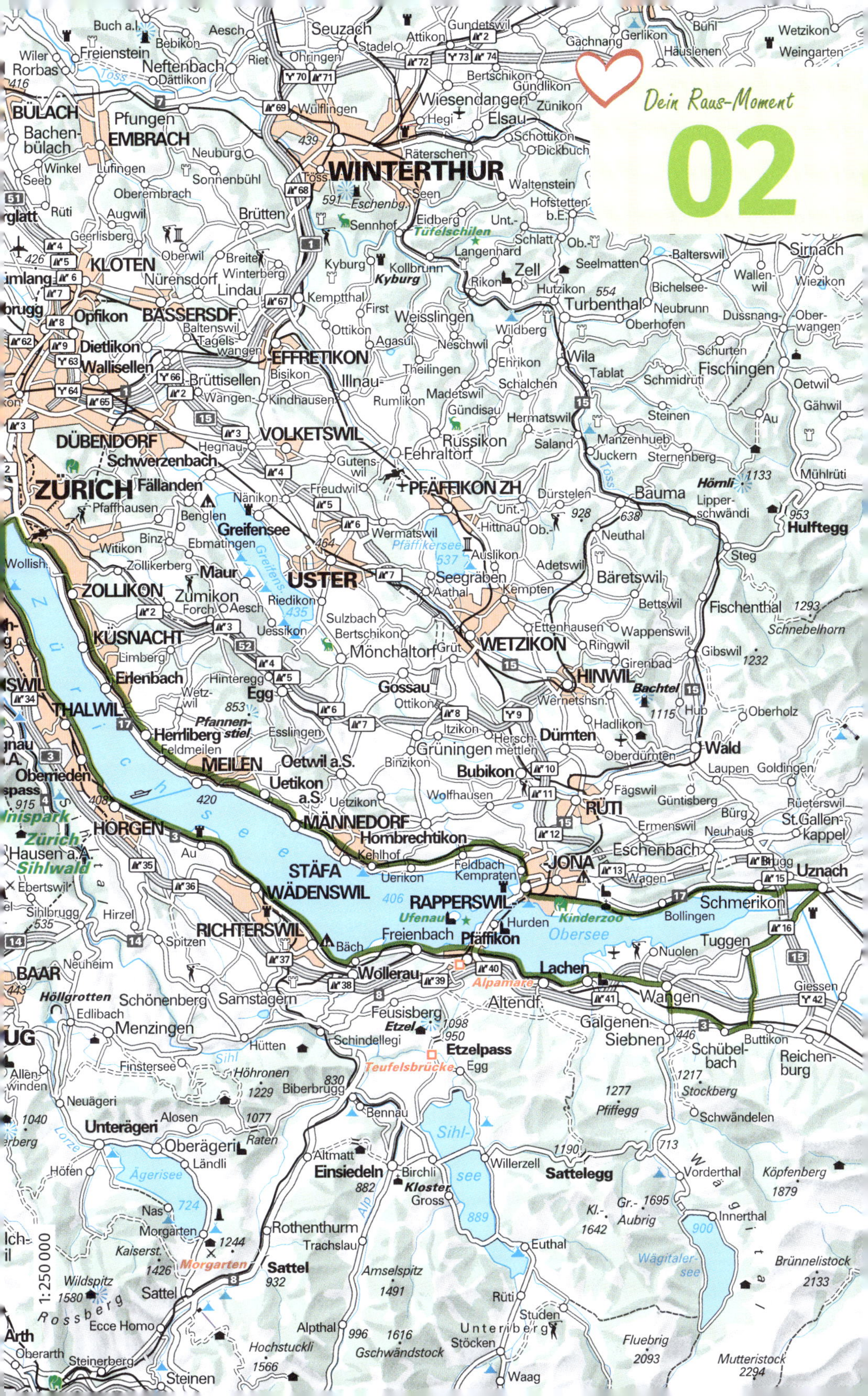

Highlights

- Robenhuserriet
- Messikommer Eiche
- schöne Landschaft bei Maur
- Bergpanorama bei Fällanden

Länge	51 km
Dauer	3 Std.
Schwierigkeit	mittel
Technik	S0
Untergrund	40 km Asphalt, 11 km Naturbelag
Tourenart	Rundtour

Rund um Pfäffikersee und Greifensee

Zwei Seen auf einen Streich

Weite Teile der Uferregionen von Pfäffikersee und Greifensee stehen unter Naturschutz – kein Wunder, dass es hier viel zu schauen, zu erleben und vor allem zu geniessen gibt. Also rauf auf's Velo und los geht's!

03

Wir starten am **Bahnhof** von **Pfäffikon** und fahren zum Ufer, wo wir nach den Wegweisern „Pfäffikersee Route 210“ Ausschau halten. Der gut markierte Weg führt uns rasch zum **Römerkastell Irgenhausen**. Von den unruhigen Zeiten der Spätantike – angelegt wurde es Ende des 3. Jh. – künden noch die restaurierten Grundmauern der Wehrburg.

Weiter geht die Fahrt südwärts in Richtung **Auslikon**. Unmittelbar hinter dem Ort zweigt an einem Bach ein Weg zu einem hübschen Seebad inmitten eines Naturschutzgebiets ab, das viel Schatten bietet. Der Veloweg selbst führt durchs **Robenhuserriet**, eines der be-

Höhenlage	440 m / 570 m
Aufstieg	320 m
Abstieg	320 m

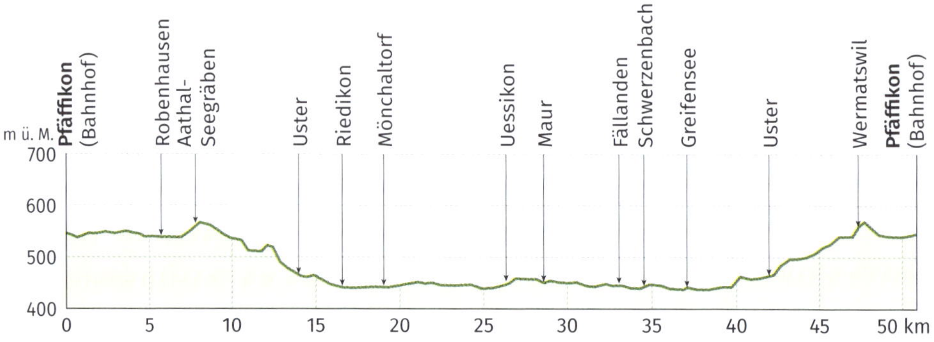

deutendsten Feuchtgebiete des Schweizer Mittellands. In der Moorlandschaft ist eine Vielzahl von Tier- und Pflanzenarten heimisch. Vor allem Hobbyornithologen werden längere Pausen einlegen, um Reiher-, Tafel- und Löffelenten, Haubentaucher oder auch – mit etwas Glück – die bedrohten Zwergreiher und Drosselrohrsänger zu beobachten.

Kurz bevor wir Seegräben erreichen, passieren wir die imposante **Messikommer Eiche**: 500 Jahre ist sie alt und hat einen beeindruckenden Umfang von 6 Metern. Wir erhaschen anschliessend noch einen schönen Blick auf den **Pfäffikersee** und gelangen am Ende des Rieds nach **Seegräben**. Ein Spass für die ganze Familie wartet hier: Im **Erlebnis-Bauernhof Juckerhof** dürfen Kinder in der Stroh-Hüpfburg oder auf dem Naturspielplatz toben, Ziegen und Kaninchen streicheln und füttern oder auf zwei alten Traktoren spielen. Im Hofladen gibt es Würste, die auf dem Hofplatz gleich grilliert werden können.

E-Bike-Ladestationen in Seegräben: Rutschbergstrasse 10

Das Ufer des Pfäffikersees lassen wir nun hinter uns und fahren durch den Oberustermer Wald. Nach einem scharfen Linksknick überqueren wir die Oberlandautobahn. Es geht hinein in die Stadt **Uster** (im zürichdeutschen Ortsdialekt „Uschter“ ausgesprochen) und zum Bahnhof. Von hier aus leitet uns die Tour in Richtung Riedikon und Greifensee, an dessen südlicher Spitze wir einen Schlenker über **Mönchaltorf** machen und, wieder am

Dein Raus-Moment

Bevor du nach **Schwerzenbach** gelangst, überquerst du die Glatt. Halte dich ihr entlang nach rechts zum Ufer des Greifensees, so erreichst du rasch den **Park am See**. Mehrere Aussichtsplattformen erlauben herrliche Seeblicke, Bergpanorama inklusive. Es loht sich, diesen Abstecher einzuplanen.

Greifensee angekommen, rasch nach **Maur** gelangen. Der Blick schweift über weitläufige Wiesen, die blaue Seefläche glitzert in der Sonne und aus der Ferne grüssen die Alpen. Was könnte schöner sein?

Bei der Umrundung des nördlichen Endes des Sees eröffnet sich bei **Fällanden** und **Schwerzenbach** nochmals ein besonders schönes Bergpanorama, das vergletscherte Massiv des Glärnisch rückt ins Blickfeld. Rasch gelangen wir nun zum **Schloss Greifensee**. Im zur Galerie umfunktionierten Schlosskeller finden immer wieder Ausstellungen statt. Es lohnt auch ein kurzer Abstecher zum Steg.

E-Bike-Ladestationen in Fällanden: Schüepwisstrasse 9b
E-Bike-Ladestationen in Uster: Oberlandstrasse 78

Entlang des Seeufers fahren wir dann weiter und gelangen wieder nach **Uster**, schlagen noch vor dem Aabach einen Bogen zum bereits bekannten Bahnhof und verlassen die Stadt in nordöstliche Richtung. An einer etwas nördlicher gelegenen Stelle als zuvor beim Hinweg überqueren wir erneut die Oberlandautobahn und halten uns nach der linker Hand gelegenen Kleingartensiedlung rechts in den **Oberustermer Wald** hinein. Nach 1.2 Kilometern biegen wir scharf links ab und halten uns danach gleich wieder links. Nicht weit vom Weg in den Wald hinein liegt hier der kleine **Weiher Römerbrünneli**, an dem sich Amphibien und Libellen besonders wohl fühlen. Auch wir fühlen uns dank einer Grillstelle mit Tischen und Bänken wohl hier.

Immer geradeaus verlassen wir anschliessend wieder den Wald, gelangen in das kleine **Wermatswil** und von hier aus rasch zurück zu unserem Ausgangspunkt am **Bahnhof** in **Pfäffikon**.

Kultur ●●●●○○
Landschaft ●●●●●●
Familie ●●●●●●

Anfahrt
ÖV: Bahnhof Pfäffikon
Mit dem Auto: A 1, Ausfahrt Effretikon, über Illnau und Fehraltorf nach Pfäffikon.

Gemütlich reinsetzen
Restaurant Schifflände,
Seestrasse 31, Maur
Neapolis im Gasthaus Schwanen,
Greifenseestrasse 2, Schwerzenbach
Castanea,
Usterstrasse 105, Pfäffikon

Kartentipp
Kümmerly+Frey Velokarte 6 Zürich
1:60 000

Dein Raus-Moment

03

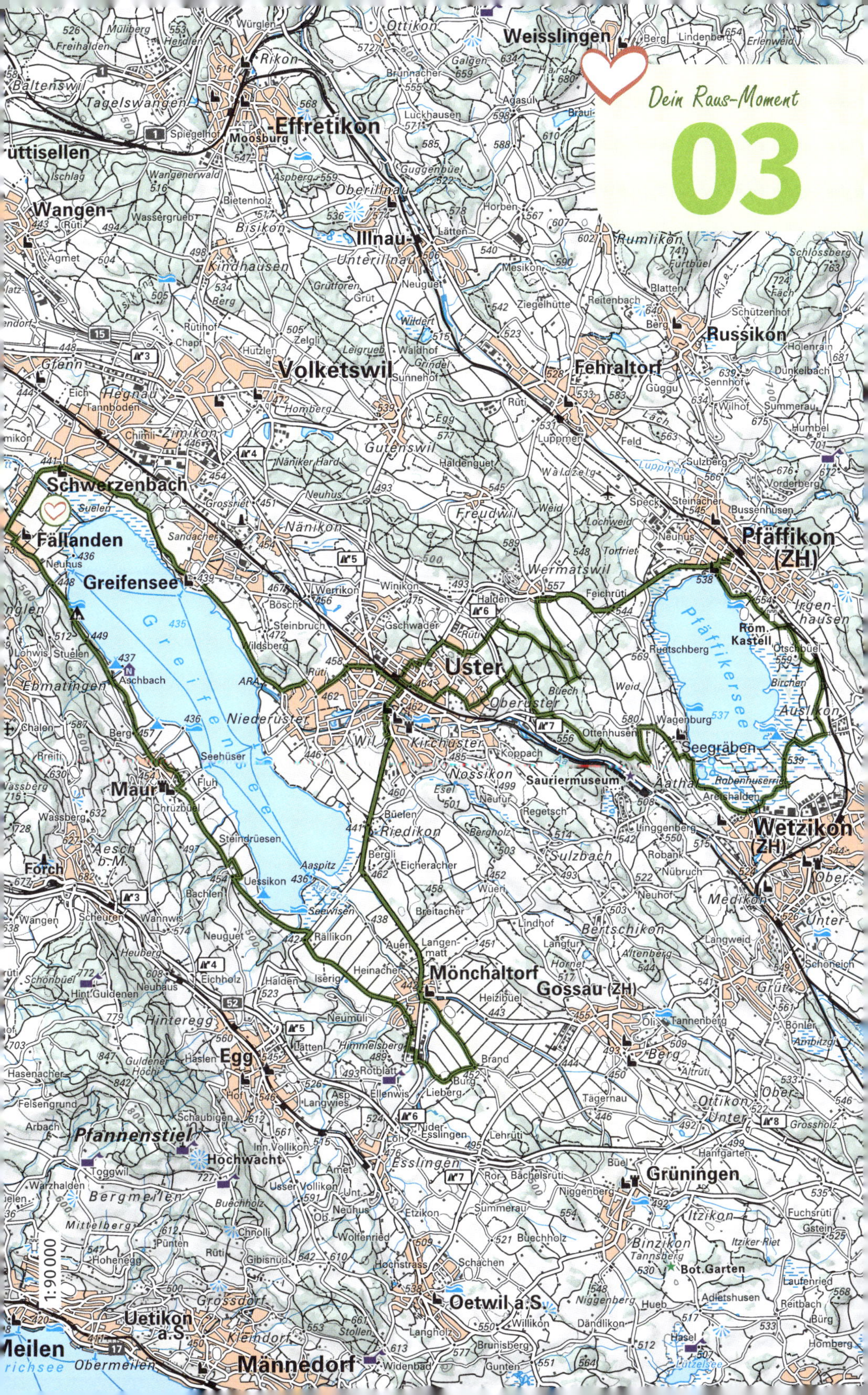

Highlights

- überraschend schöne Landschaft nahe des Flughafens Kloten
- abwechslungsreiche S1-Trailvarianten zwischen Embrach und Pfungen
- tolle kurze Abstecher auf dem Weg

Länge	39 km
Dauer	2 Std.
Schwierigkeit	leicht
Technik	S0
Untergrund	38 km Asphalt, 1 km Naturbelag
Tourenart	Rundtour

Von Illnau nach Embrach

Die Region zwischen Winterthur und Zürich

04

Eine ruhige und wenig anspruchsvolle Tour, die allerdings an vielen Stellen zu kleinen, aber feinen Abstechern einlädt: zu schönen Feuerstellen, fotogenen Wasserfällen und beeindruckenden Aussichtspunkten.

Diese Tour ist nicht lang und nicht anspruchsvoll, ausserdem führt sie durch eine touristisch wenig spektakuläre Region zwischen Winterthur und dem Flughafen Kloten bei Zürich. Doch genau das macht ihren Reiz aus: Abseits viel befahrener Wege geht es angenehm dahin, wir haben dabei nur wenige Höhenmeter zu meistern, und an allen Ecken und Enden verlocken uns kleine Highlights zu kurzen Abstechern. Also, los geht's!

Höhenlage	420 m / 540 m
Aufstieg	270 m
Abstieg	270 m

Wir beginnen am barrierefreien Bahnhof in **Illnau** und halten uns links, queren die Gleise und folgen ihnen beinahe bis zum Siedlungsende. Über die Breitenacherstrasse verlassen

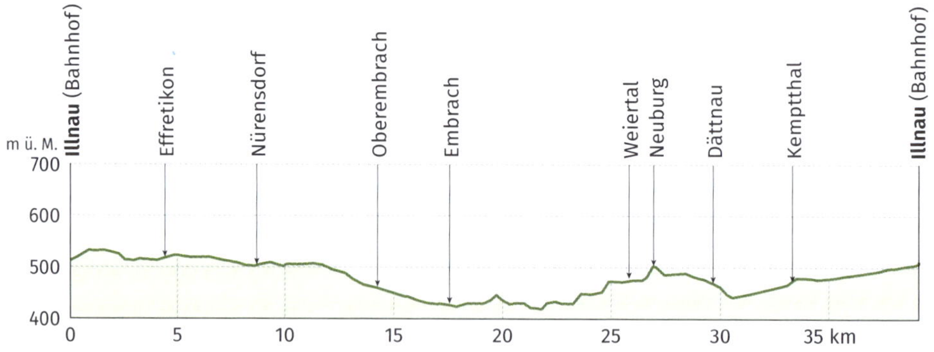

wir das Ortsgebiet und während unsere Route nach rechts weiter vorbei an Feldern und Wiesen führt, lockt bereits ein erster Abstecher nach links zur schönen **Feuerstelle Örmis** in der Nähe eines idyllischen Weihers. Der Grillplatz liegt direkt am Waldrand, eine Schaukel und viel Platz zum Austoben bereitet auch Kindern Freude.

Auf der eigentlichen Route geht es an einer Kleingartensiedlung vorbei, den **Hackenberg** umrunden wir nach rechts und queren nach

Dein Raus-Moment

Zum 592 Meter hohen **Eschenberg** gelangst du, wenn du die Autobahn gleich nach Winterthur unterquerst. Gut, dass die Velorunde recht kurz ist, so kannst du hierfür ruhig etwas Zeit einplanen. Im Wildpark Bruderhaus kannst du unter anderem Wölfe und Luchse, Wisente und Wildpferde beobachten. Vorbei am Wildpark führen zahlreiche Pfade hinauf zu einer kleinen Lichtung im Wald, wo der 31.5 Meter hohe Eschenbergturm mit atemberaubender Aussicht aufwartet. Gleich unter dem Turm gibt es eine schöne Feuerstelle.

dem Kreisverkehr die Gleise. Rasch verlassen wir so **Effretikon**, passieren den kleinen Ort **Lindau** und durchqueren **Nürensdorf**.

Vorbei an **Birchwil** geht es wieder entlang von Feldern, der Eigentalweiher zieht links an uns vorbei und wir folgen dem idyllischen Wegverlauf nach **Oberembrach** – nur rund 5 Kilometer Luftlinie vom Flughafen Kloten entfernt, ist man davon beinahe überrascht. Wir durchqueren den Ort ebenso wie anschliessend das etwas grössere **Embrach** und schlagen einen Rechtsbogen nach **Pfungen**. Das Gebiet zwischen Embrach und Pfungen, an dessen Rand wir entlangfahren, ist durchzogen von kleinen Waldpfaden (teilweise im Schwierigkeitsgrad S1). Wer also Lust auf etwas Abwechslung hat, kann sich problemlos einen Waldweg mit demselben Ziel suchen.

Erneut bietet sich nach **Pfungen** ein Abstecher an, nämlich zur **Affenschlucht**: Besonders an heissen Sommertagen ein fantastischer Ort. Über Trampelpfade gelangt man zur Töss-Schlucht, die kleinen Wasserfälle sind ein schönes Fotomotiv. Hier lässt sich auch sehr gut etwas mehr Zeit verbringen!

E-Bike-Ladestationen in Winterthur: Coop Supermarkt, Rudolf-Diesel-Strasse 19

Unsere Route führt uns jedoch südlich an Pfungen vorbei und wir sind schon dabei, unsere Runde in Richtung Südosten zu schliessen. Ein kurzes Stück fahren wir entlang der Autobahn und unterqueren sie nach **Kemptthal**, unseren Ausgangspunkt am Bahnhof **Illnau** haben wir dann rasch erreicht.

Kultur	●○○○○○
Landschaft	●●●○○○
Familie	●●●●●●

Anfahrt

ÖV: Bahnhof Illnau

Mit dem Auto: A 1, Ausfahrt 67 (Effretikon); über die Kempttalstrasse nach Illnau und am Kreisverkehr rechts zum Bahnhof.

Gemütlich reinsetzen

Gasthof zum Löwen,
Effretikonerstrasse 64, Illnau

Restaurant Lokal,
Tannenstrasse 67a, Embrach

Restaurant Linde,
Dorfstrasse 33, Pfungen

Kartentipp

Kümmerly+Frey Velokarte 6 Zürich
1:60 000

Dein Raus-Moment

04

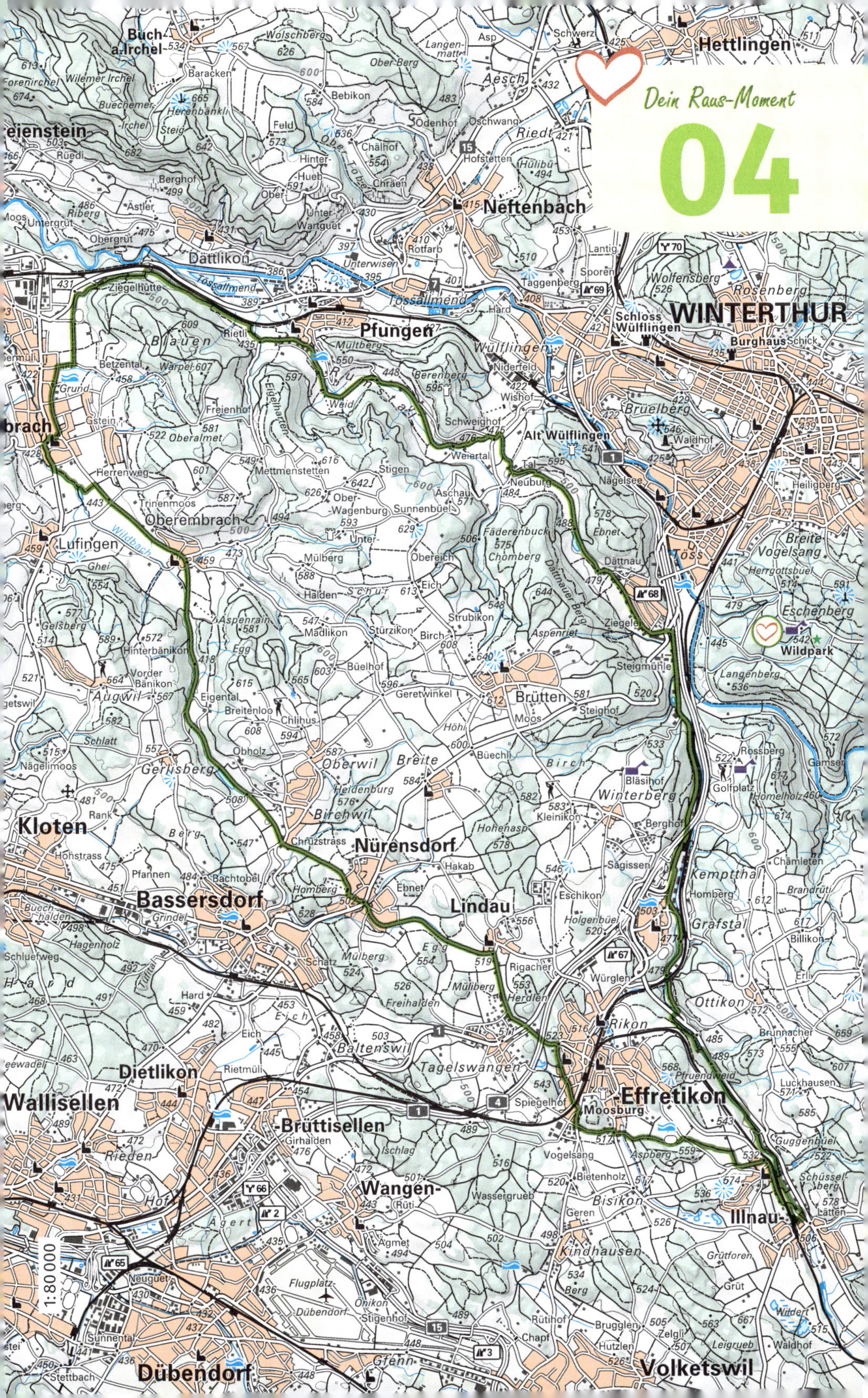

Highlights

- kulturelles Angebot in Winterthur
- schöne Bademöglichkeiten am Nussbommersee und Hüttwilersee
- historisches Stein am Rhein

05

Von Winterthur nach Stein am Rhein

Nordostschweizer Kultur-Tour

Kunst, Geschichte und das pralle Leben in den schönen Städten Winterthur, Stein am Rhein und Frauenfeld, dazu herrliche Abschnitte in der Natur – eine wunderbare Tour!

Länge	67 km
Dauer	4 Std. 30 Min.
Schwierigkeit	mittel
Technik	S0
Untergrund	47 km Asphalt, 20 km Naturbelag
Tourenart	Rundtour

Bereits der Ausgangsort dieser Tour, die rund 120 000-Einwohner-Stadt **Winterthur**, besticht mit seinen charmanten Läden und Restaurants. Märkte und Festivals beleben die historische Altstadt mit ihrer grossen Fussgängerzone und rund um die Marktgasse beeindrucken altehrwürdige Herrenhäuser, die Stadtkirche, der Fischermädchenbrunnen und der berühmte Rathausdurchgang.

Höhenlage	380 m / 620 m
Aufstieg	940 m
Abstieg	940 m

Der Startpunkt der Tour liegt am **Bahnhof**. Zunächst in östlicher, dann in nördlicher Richtung fahren wir aus der Stadt hinaus und erreiche rasch ländliches Gebiet. Wir rollen gemütlich vorbei an Wiesen, Feldern

und kleinen Dörfchen wie **Mörsburg** und **Rickenbach** und queren die idyllische **Thur** auf einem Holzsteg nach Feldi.

Über **Uerschhausen** gelangen wir ins Seebachtal, links von uns liegt der **Nussbommersee**, rechts der **Hüttwilersee** und der **Hasensee**. Mehrere Badis und schöne Grillstellen verlocken uns dazu, eine kleine Pause einzulegen.

Anschliessend durchqueren wir **Nussbaumen**, fahren kurz durch lichten Wald und gelangen mit dem Überqueren der Brücke ins malerische Städtchen **Stein am Rhein**. Auf dem Rathausplatz sollten wir uns unbedingt eine Rast gönnen, die prächtig bemalten Häuserfassaden bestaunen und durch die hübsche Altstadt flanieren, bevor wir uns wieder in den Sattel schwingen.

Dein Raus-Moment

Im **Swiss Science Center Technorama in Winterthur** kann man sich so richtig verlieren, unzählige Stationen laden zum Experimentieren ein. Ins Staunen versetzen nicht nur schwebende Tücher, sondern auch viele der sehr interessanten physikalischen Anordnungen – das ein oder andere Aha-Erlebnis und manchmal ein neues Verständnis für die Welt, die uns umgibt, inklusive. Du erreichst das Technorama nur wenige Hundert Meter von jenem Punkt entfernt, an dem sich Hin- und Rückweg in Winterthur kreuzen.

E-Bike-Ladestationen in Stein am Rhein: Veloparkplatz Untertor

Für den Rückweg halten wir uns gleich nach der Brücke links und fahren dicht am Rheinufer entlang vorbei an **Eschenz**. Nach den letzten Häusern wählen wir den zweiten Weg, der scharf nach rechts in die Felder abbiegt, überqueren die Bahngleise und halten uns auf der kleinen Strasse mehr oder weniger geradeaus. Durch schöne Kulturlandschaft erreichen wir so **Herdern** und gelangen über **Weiningen** wieder zur Thur.

Nach dem Ort fahren wir kurz links entlang des Flusses und überqueren ihn mit der **Thurbrücke Ochsenfurt**. Auf schönen Wegen mit Naturbelag erreichen wir die kleine Murg und nutzen die zweite Möglichkeit, um sie zu überqueren.

E-Bike-Ladestationen in Frauenfeld: am Bahnhof

Wir passieren die kleine Stadt **Frauenfeld** nordwestlich, streifen Ellikon und stossen bei **Rickenbach Sulz** auf die Bahnlinie, der wir nach **Winterthur** folgen. Auf unserem Weg zurück zum **Bahnhof** nehmen wir noch eine kleine Waldpassage mit und geben uns nach dem Ende der Tour den vielen Vorzügen des Stadtlebens hin.

Kultur	●●●●●●
Landschaft	●●●●○○
Familie	●●●○○○

Anfahrt

ÖV: Bahnhof Winterthur

Mit dem Auto: A 1, Ausfahrt 69 (Würflingen); über die Würflingerstrasse geht es rasch direkt zum Bahnhof.

Gemütlich reinsetzen

Restaurant Löwen,
Dorfstrasse 2, Nussbaumen
Uferlos – An der Schifflände,
Metzggasse 10, Stein am Rhein
Bahnhöfli Oberi,
Römertorstrasse 4, Winterthur

Kartentipp

Kümmerly+Frey Velokarte 1 Schaffhausen 1:60 000

Dein Raus-Moment
05
1:100 000
Gailingen
Diessenhofen
KT. SCHAFFHAUSEN
Bibermühle
Röm. Warte
Hemishofen
Rheinklingen
Stein am Rhein
Rodenberg
Schlattingen
Wagenhausen
Etzwilen
Rathauspl.
St.Georgen
Öhningen
Kattenhorn
Bodensee
Mammern
Eschenz
Kaltenbach
Freudenfels
Stammerberg
Girsberg
Unterstammheim
Oberstammheim
Stammheim
Guntalingen
Schwandegg
Waltalingen
Truttikon
Nussbaumen
Nussbommersee
Hüttwilersee
Hasensee
Hälfebärg
Uerschhausen
Hüttwilen
Herdern
Weckingen
Weiningen
Oberneunforn
Neunforn
Niederneunforn
Uesslingen - Buch
Dietingen
Kartause Ittingen
Warth
Thalheim a.d.Thur
Altikon
Thur
Ellikon a.d.Thur
Horgenbach
Frauenfeld
Langdorf
Strooss
Kurzdorf
Altstadt
Dinhard
Kirch-Dinhard
Rickenbach (ZH)
Sulz
Mörsburg
Seuzach
Gachnang
Islikon
Kefikon
Gundetswil
Bertschikon
Hagenbuch
Wiesendangen
Technorama
Oberwinterthur
Schl.Hegi
WINTERTHUR
Elsau
Stadthaus
Elgg

Highlights

- fotogene Orte Ossingen und Guntalingen
- imposanter Rheinfall
- Naturzentrum Thurauen in Flaach

Länge	55 km
Dauer	3 Std. 30 Min.
Schwierigkeit	mittel
Technik	S0–S1
Untergrund	47 km Asphalt, 8 km Naturbelag
Tourenart	Rundtour

Von Andelfingen zum Rheinfall

Durchs Zürcher Weinland

06

Die „Grosse Weinlandroute“ führt durch die unterschiedlichen Regionen des Zürcher Weinlands und zu den Attraktionen am Rhein – viel Abwechslung und noch mehr schöne Landschaften inklusive.

Der Startpunkt dieser Tour gibt uns bereits einen Vorgeschmack darauf, was wir uns von dieser schönen Strecke durchs Zürcher Weinland erwarten dürfen: Das Mühlendorf **Andelfingen** begeistert mit alten Riegelhäusern inmitten von Rebhängen, Wiesen und Äckern, sehenswert ist das Schloss mit dem wunderbar angelegten und gepflegten Schlosspark. Glücklich, wer genug Zeit mitbringt, um den Ort vor oder nach der Tour besser kennenzulernen!

Höhenlage	350 m / 490 m
Aufstieg	510 m
Abstieg	500 m

Wir starten am **Bahnhof** (barrierefreie Alternative: Bahnhof in Stammheim). Hier halten wir uns in nördlicher Richtung und gelangen zur Thur, die wir auf der 1815 erbauten gedeckten Holzbrücke überqueren. Dann bie-

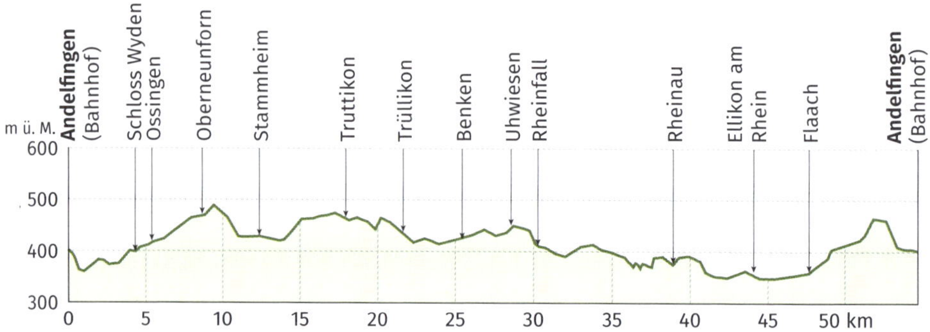

gen wir rechts ab und folgen dem Fluss auf kleinen Strässchen bis zum Werdhof. Weiter geht's zum **Weiler Hausen** und zum **Schloss Wyden**, dessen Wehrturm bereits im 13. Jhd. errichtet wurde. Es ist in Privatbesitz und kann leider nicht besichtigt werden, ist allerdings auch aus der Ferne äusserst fotogen. In **Ossingen** angekommen lohnt ein kurzer Stopp: Die prächtigen Riegelbauten sind beeindruckend.

Anschliessend nehmen wir das Strässchen nach Oberneunform und biegen auf die Veloland-Route Nr. 45 nach **Waltalingen** ein. Hier können wir die wundervollen Ausblicke auf das **Stammertal** mit den Rebbergen am Fuss des Stammerbergs geniessen.

Liebhabern von alten Riegelhäusern sei eine Runde durch **Ober-** und **Unterstammheim** nahegelegt – hier gibt es wirklich schöne Bauten! Es geht dann weiter nach **Guntalingen**, auch hier sind die gut erhaltenen und liebevoll gepflegten Fachwerkbauten ein Blickfang und bilden im Ensemble eine der schönsten Dorfstrassen des Weinlands. Unser nächstes Ziel ist die kleine Gemeinde **Truttikon**, die teilweise nur über Feld- und Waldwege zu erreichen ist. Von hier aus fahren wir auf einem Strässchen nach **Trüllikon**.

Jetzt fahren wir auf der Veloland-Route Nr. 26 durch die vom Weinbau geprägten Cholfirstgemeinden **Rudolfingen** und **Benken**. Was die Bezeichnung „Cholfirst" bedeutet? So wird der nördlichste Höhenzug des Kantons Zürich bezeichnet, der das Weinland zum Rhein hin begrenzt.

Es ist also nicht mehr weit bis zum grossen Strom: Wir verlassen die Route 26 und kommen nach **Uhwiesen**. Unterwegs lässt sich natürlich der eine oder andere gute Tropfen verkosten. In der Region wird mit dem Räuschling eine alte Weissweinsorte angebaut, die nur noch wenig verbreitet ist.

E-Bike-Ladestationen beim Rheinfall: Parkplatz Schloss Laufen

Dann ist es nicht mehr weit zum Schloss Laufen und zum beeindruckenden **Rheinfall**. Auf einer Breite von 150 Metern stürzen die Wassermassen über die Felsen, das ohrenbetäubende Tosen und imposante Rauschen des grössten Wasserfalls Europas sind schon von Weitem zu hören. Wer dem Spektakel ganz nahe kommen möchte, kann das bei einer Schifffahrt machen, sofern man angesichts des oftmals grossen Andrangs Zeit und Muse dafür aufbringt. Wer sich an den tosenden Wassermassen satt gesehen hat, fährt auf der Veloland-Route Nr. 2 südwärts weiter über **Dachsen** und erreicht das nächste Highlight: **Rheinau** und seine **Klosterinsel**, auf der ein ehemaliges Benediktinerkloster thront.

Gemütlich geht's anschliessend auf der Veloland-Route Nr. 2 in südlicher Richtung wei-

Dein Raus-Moment

Die **Klosterinsel bei Rheinau** inmitten des Rheins ist nicht nur für gläubige Menschen ein Kraftort: Der Klostergarten lädt zum Verweilen ein und strahlt Ruhe aus, die grossen alten Bäume auf dem Gelände spenden auch an heissen Sommertagen wohltuenden Schatten und der die Insel ruhig umfliessende Strom trägt zusätzlich zur Entschleunigung bei.

ter am Rhein entlang nach **Ellikon am Rhein**, von wo aus von April bis Oktober regelmässig eine Fähre ans deutsche Ufer verkehrt.

Mit der Fahrt durch das Flaachtal, das berühmt ist für seine Spargeln, Melonen und den Tabak, erreichen wir rasch **Flaach**. Hier sollten wir uns nach Möglichkeit Zeit für einen Besuch des **Naturzentrums Thurauen** nehmen, das über die Flora und Fauna der Region sowie die Renaturierungsbemühungen an der Thur informiert. Über **Dorf** mit seinen idyllischen Rebbergen kommen wir nach einer schönen Fahrt durch historisches Kulturland schliesslich wieder zurück zum Ausgangspunkt in **Andelfingen**, wo wir uns eine Einkehr mehr als verdient haben.

E-Bike-Ladestationen in Andelfingen: Thurtalstrasse 8

Kultur	●●●●●●
Landschaft	●●●●●●
Familie	●●●●○○

Anfahrt

ÖV: Bahnhof Andelfingen

Mit dem Auto: A 1, Ausfahrt 70 (Winterthur Nord), über Henggart nach Andelfingen

Gemütlich reinsetzen

Gasthof zum Hirschen,
Steigstrasse 4, Oberstammheim

Schloss Laufen,
Laufen am Rheinfall 4, Dachsen

Gasthaus zum Schiff,
Dorfstrasse 20, Ellikon am Rhein

Kartentipp

Kümmerly+Frey Velokarte 1 Schaffhausen 1:60 000

Dein Raus-Moment

06

Highlights

- Festung Munot in Schaffhausen
- Deutschland-Feeling mitten in der Schweiz
- schöne Abschnitte direkt am Rhein

07

Unterwegs bei Schaffhausen

Rund um Deutschland

Ganz Deutschland schafft man nicht an einem Tag, wir können aber die deutsche Exklave Büsingen umrunden. Als Draufgabe gibt's viel schöne Natur und Kultur in Schaffhausen.

Länge	38 km
Dauer	2 Std. 30 Min.
Schwierigkeit	leicht
Technik	S0 – S1
Untergrund	22 km Asphalt, 16 km Naturbelag
Tourenart	Rundtour

Viele Besucher kommen nach Schaffhausen, weil sie mit dem Rheinfall den grössten Wasserfall Europas sehen möchten. Dabei hat die Region so viel mehr zu bieten! Allem voran die rund 39 000-Einwohner-Stadt Schaffhausen selbst: Der malerische autofreie Altstadtkern, interessante Museen und natürlich die Festung Munot lohnen eine ausgiebige Besichtigung. Damit sich das alles ausgeht, starten wir am barrierefreien **Bahnhof** in **Schaffhausen** und gelangen in westlicher Richtung rasch zur **Zirkularfestung Munot**, die auf einem mit Weinreben bewachsenen Hügel thront. Es gibt Belege dafür, dass bereits im Jahr 1098 an diesem Platz eine Befestigung vorhanden war. Mitte des 16. Jahrhunderts wurde dann die Festung in ihrem heutigen

Höhenlage	390 m / 600 m
Aufstieg	560 m
Abstieg	560 m

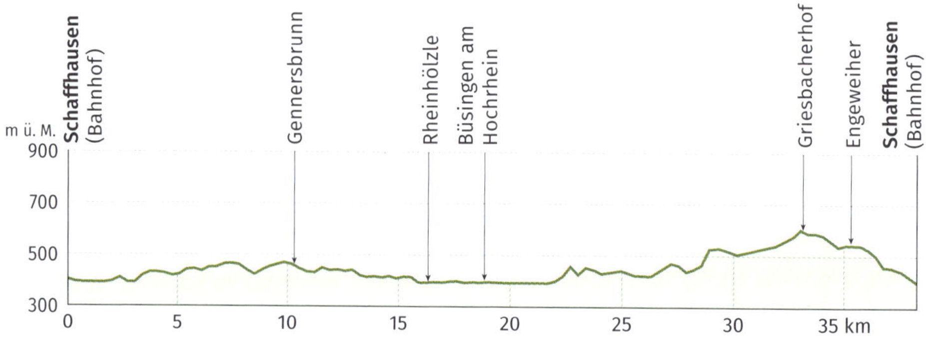

Erscheinungsbild errichtet. Im Graben des Munot wird eine kleine Herde Damwild gehalten, um die sich die Munotwächterin kümmert. Sie lebt im Turm und läutet jeden Abend um 21 Uhr das Munotglöckchen. Der Munot selbst dient als Veranstaltungsort, es lohnt sich, ihn zu besteigen, um die wunderbare Aussicht zu geniessen.

Dann fahren wir aber weiter, wir haben ja noch etwas Wegstrecke vor uns. Es geht wunderschön entlang des Rhein bis zur **deutschen Grenze**, die wir problemlos ohne Pass überqueren können, und befinden uns damit in der **deutschen Exklave Büsingen**. Es sind nur Kleinigkeiten, an denen man erkennt, dass man eigentlich in Deutschland und nicht in der Schweiz ist: Briefkästen, eine Bushaltestelle, vereinzelte Schilder, die darauf aufmerksam machen, und die Autokennzeichen. Die offizielle Währung ist der Euro, meist wird hier aber in Schweizer Franken bezahlt. Ein amüsantes Kuriosum bietet der örtliche Fussballverein, der als einziger deutscher Verein in der Schweizer Liga mitspielen darf.

Direkt an der Grenze biegen wir scharf nach links ab und fahren mehr oder weniger stets entlang des Grenzverlaufs im Uhrzeigersinn:

Dein Raus-Moment

Der kleine, künstlich angelegte **Engeweiher** in **Schaffhausen** war Anfang des 20. Jahrhunderts das erste Pumpspeicherwerk der Schweiz. Du kannst ihn gemütlich umrunden und die überdachte Grillstelle für eine kleine Pause nutzen. Auch einen Spielplatz gibt es hier.

Gut, dass wir uns für heute nur die Umrundung dieses kleinen „Deutschlands" vorgenommen haben. Idyllisch geht es vorbei an Wiesen und Feldern, auf Schotterwegen und kleinen Pfaden durch Wald, immer wieder wechseln wir dabei das Staatsgebiet. Nachdem wir an das Siedlungsgebiet von **Herblingen** gestossen sind, dreht unsere Route in westliche Richtung ab, wir passieren ein Kieswerk und die kleine Siedlung **Gennersbrunn** (auf Schweizer Gebiet) und halten uns dann auch schon bald wieder in Richtung Süden, wo wir rasch wieder zum Ufer des Rhein gelangen. Nur 500 Meter nach links liegt bereits die nächste Grenze nach Deutschland – jenes, dessen Umrundung wir heute wohl nicht mehr schaffen werden. Auf dem Hofgelände zwischen den Gebäuden halten wir uns deshalb rechts und überqueren erneut die Grenze zur Exklave.

E-Bike-Ladestationen in Gailingen: Rathaus Gailingen, Hauptstrasse 7

Wir verbleiben nah am Rhein auf kleinen Pfaden und Schotterwegen und durchqueren das kleine **Büsingen am Hochrhein**. Ehe wir uns versehen, haben wir dann auch schon wieder deutsches Gebiet verlassen und verbleiben für den Rest der Runde in der Schweiz. Ein kurzes Stück geht es entlang des Wegs, den wir bereits von der Hinfahrt kennen, an der Strasse in der Linkskehre halten wir uns allerdings rechts. Wir durchqueren **Schaffhausen** und gelangen dann am nördlichen Ende der Stadt wieder in schönes Naturgebiet. Es geht ins Hemmental und dann scharf nach links in den Wald hinein. Auf Schotterwegen durch Wald und entlang von Wiesen gelangen wir zum kleinen **Engeweiher** und schliessen nach ihm links unsere Rundtour am **Bahnhof** von **Schaffhausen**.

E-Bike-Ladestationen in Schaffhausen: Tourist-Information Schaffhausen, Vordergasse 73

Kultur	●●●●●●
Landschaft	●●●●●●
Familie	●●●●○○

Anfahrt

ÖV: Bahnhof Schaffhausen

Mit dem Auto: A4, Ausfahrt 5 (Schaffhausen Süd), über den Rhein und rechts zum Bahnhof.

Gemütlich reinsetzen

Restaurant Frohsinn,
Hintergasse 1, Schaffhausen

Gennersbrunnerhof,
Gennersbrunn 1, Schaffhausen

Zum Eichelklauber,
Rheinstrasse 1, Gailingen am Hochrhein

Kartentipp

Kümmerly+Frey Velokarte 1 Schaffhausen 1:60 000

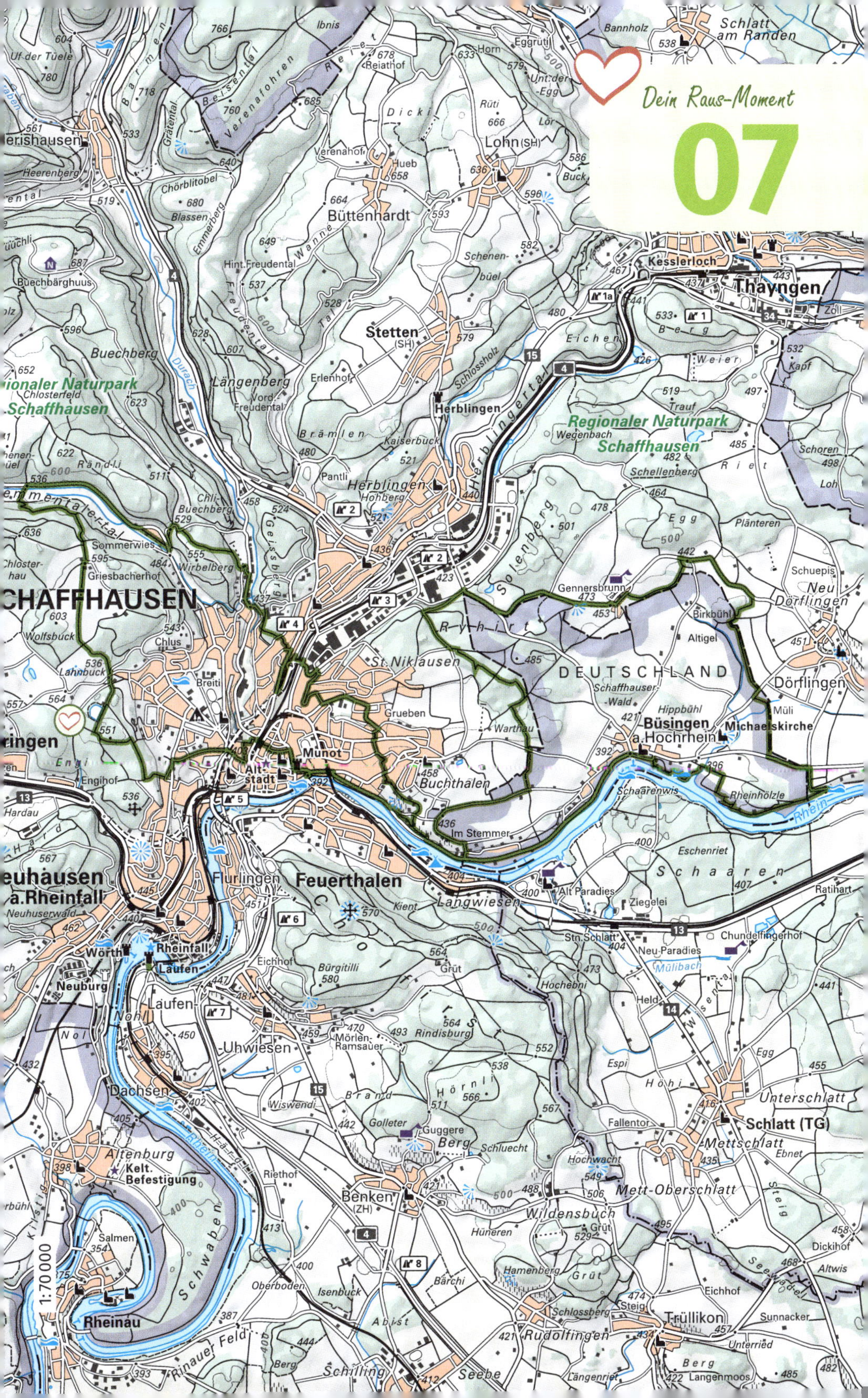

Dein Raus-Moment
07
Schlatt am Randen
Bannholz
Ibnis
Reiat
Reiathof
Horn
Eggrüti
Unt. der Egg
Dicki
Rüti
Lohn (SH)
Buck
Verenahof
Hueb
Büttenhardt
Barmen
Beisental
Verenafohren
Merishausen
Heerenberg
Grätental
Chörblitobel
Blassen
Emmerberg
Hint. Freudental
Freudental
Wanne
Schenenbüel
Kesslerloch
Thayngen
Zoll
Berg
Eichen
Weier
Kapf
Trauf
Stetten (SH)
Schlossholz
Herblingen
Herblingertal
Buechbärghuus
Buechberg
Durach
Längenberg
Vord. Freudental
Erlenhof
Brämlen
Kaiserbuck
Regionaler Naturpark Schaffhausen
Chlosterfeld
Wegenbach
Schellenberg
Riet
Schoren
Loh
Rändli
Mühlentalertal
Pantli
Hohberg
Chli. Buechberg
Geissberg
Solenberg
Egg
Plänteren
Sommerwies
Wirbelberg
Griesbacherhof
Chlosterhau
SCHAFFHAUSEN
Gennersbrunn
Schuepis
Neu Dörflingen
Birkbühl
Altigel
Ryhirt
Wolfsbuck
Chlus
Breiti
Lahnbuck
St. Niklausen
DEUTSCHLAND
Schaffhauser-Wald
Hippbühl
Dörflingen
Büsingen a. Hochrhein
Michaelskirche
Müli
Grueben
Warthau
Munot
Altstadt
Buchthalen
Engi
Enginhof
Hardau
Schaarenwis
Rheinhölzle
Rhein
Im Stemmer
Eschenriet
Schaaren
Ratihart
Neuhausen a. Rheinfall
Neuhuserwald
Flurlingen
Feuerthalen
Kient
Langwiesen
Alt Paradies
Ziegelei
Stn. Schlatt
Neu Paradies
Chundelfingerhof
Mülibach
Wörth
Rheinfall
Laufen
Neuburg
Eichhof
Bürgitilli
Grüt
Hochebni
Held
Nol
Uhwiesen
Mörlen-Ramsauer
Rindisburg
Espi
Egg
Dachsen
Wiswendi
Brand
Hörnli
Unterschlatt
Schlatt (TG)
Mettschlatt
Ebnet
Fallentor
Altenburg
Kelt. Befestigung
Golleter
Guggere
Berg
Schluecht
Hochwacht
Riethof
Benken (ZH)
Mett-Oberschlatt
Wildensbuch
Salmen
Hüneren
Dickihof
Altwis
Steig
Rheinau
Schwaben
Hamenberg
Eichhof
Oberboden
Isenbuck
Bärchi
Steig
Trüllikon
Sunnacker
Abist
Schlossberg
Unterried
Rinauer Feld
Schilling
Rudolfingen
Berg
Seebe
Längenriet
Langenmoos
1:70 000

Highlights

- idyllische Hügellandschaft in den Kantonen Thurgau und Zürich
- abwechslungsreiche Wege
- Schlangenzoo Eschlikon

Länge	45 km
Dauer	2 Std. 30 Min.
Schwierigkeit	leicht
Technik	S0–S1
Untergrund	40 km Asphalt, 5 km Naturbelag
Tourenart	Rundtour

Von Eschlikon nach Kollbrunn

Schauenberg-Umrundung mit Weitblicken

Viel Abwechslung hat diese Tour zu bieten: Wiesen, Wälder und Flussbegleitung, auch die Beschaffenheit der Wege und Strassen ist vielfältig. Dazu werden wunderbare Aussichten geboten, fast hat man das Gefühl, die Essenz der Ostschweiz auszukosten.

08

Auf dieser Runde zwischen Eschlikon und Kollbrunn fahren wir durch schöne Hügellandschaften, vorbei an Feldern und Wiesen und durch wunderbare Wälder, die vor allem an heissen Sommertagen angenehmen Schatten spenden. Ohne allzu grosse Anstrengungen können wir dabei zum Teil herrliche Ausblicke unter anderem auf die Churfirsten geniessen. Immer wieder bieten sich Gelegenheiten, auf kleinere Pfade auszuweichen oder eine Kurve abzukürzen, wenn jemand Lust auf ewas anspruchsvolleres Gelände haben sollte.

Höhenlage	490 m / 840 m
Aufstieg	620 m
Abstieg	620 m

Vom **Bahnhof** in **Eschlikon** aus verlassen wir über die Tösstalstrasse den kleinen Ort und fahren auf dem strassenbegleitenden Veloweg

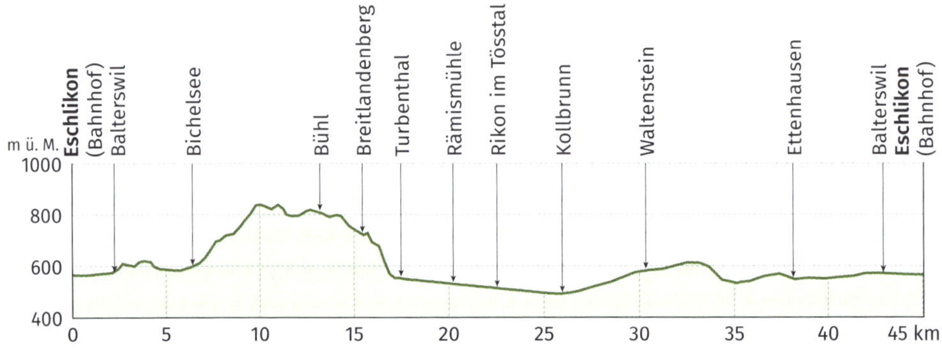

entlang der Hauptstrasse nach **Balterswil**. An der Kreuzung in der Ortsmitte halten wir uns links und lassen die Siedlung rasch hinter uns. Nach wenigen Metern auf dem Feldweg biegen wir in spitzem Winkel nach rechts ab in den Wald und treten an seinem Rand entlang, bis wir nach rechts hinunter nach **Itaslen** rollen können. Wir schlagen einen Rechtsbogen durch den Ort und gelangen entlang von Wiesen und Feldern rasch nach **Bichelsee**.

In der Ortsmitte geht es links, und mit der ersten Gelegenheit nach rechts lassen wir die Haufensiedlung auch schon wieder hinter uns. An der T-Kreuzung links sind wir schnell wieder im Wald, die kleine Strasse führt uns hinauf nach **Brenngrüti**. Es folgen zwei Y-Kreuzungen: An der ersten rechts, an der zweiten links fahren wir nun direkt an der Kantonsgrenze zu Zürich entlang hinauf zu einem Platz, an dem etliche Wege zusammentreffen. Wir nehmen die Rechtskehre und gleich den kleineren Pfad mit der Schwierigkeitsbewertung S1 nach rechts. Er trifft wenig später wieder mit dem Schotterweg zusammen, man kann ihn also auch auslassen und auf diesem verbleiben. An der folgenden T-Kreuzung halten wir uns rechts und verlassen bald den Wald.

Der Waldrücken rechter Hand ist der 861 Meter hohe **Ensberg**, nach links eröffnet sich uns nun ein wunderbares Panorama bis zu den Churfirsten. Die Sitzbank samt Feuerstelle sollten wir unbedingt für eine kurze Pause nutzen, die Aussicht ist beeinduckend. Wenn wir dann weiterfahren, beschreibt der Weg bald eine Rechtskehre. In dieser führt links ein kleinerer Weg etwas steiler hinunter durch den Wald und bringt uns über die Wiesen zur Strasse, an der wir uns rechts halten.

Dein Raus-Moment

Der kleine **Bichelsee** liegt direkt an der Kantonsgrenze von Zürich und Thurgau und ist an Idylle kaum zu überbieten: Mit Schilf bestandene Uferabschnitte, grüne Wiesen rundherum, dahinter erheben sich kleine bewaldete Hügel. Nimm dir doch die Zeit, dieses Kleinod zu geniessen und dich mit einem Sprung ins kühle Nass zu erfrischen. Vom Ort Bichelsee aus erreichst du das Strandbad des Naturweihers in nur 5 Minuten.

Flott geht es nun entlang des Strassenverlaufs dahin, Abzweigungen lassen wir dabei unbeachtet und halten in etwa die gleiche Richtung. So endet die Strasse an einer Hofstelle und es geht auf einem kleinen Pfad entlang der Wiesen und durch Wald weiter bis nach **Turbenthal**.

Den Ort durchqueren wir, es geht über die Bahntrasse und wir sind am Veloweg neben der **Töss** angelangt, dem wir nach rechts folgen. Dem kleinen idyllischen Fluss weichen wir nun nicht mehr von der Seite, passieren dabei **Rämismühle** und **Rikon im Tösstal** und gelangen so nach **Kollbrunn**, dem Scheitelpunkt unserer Tour.

E-Bike-Ladestationen in Winterthur (7 Kilometer von Kollbrunn entfernt): Coop Supermarkt, Rudolf-Diesel-Strasse 19

Über **Waltenstein** nach **Elgg** bleiben wir nun auf der Landesstrasse, leider gibt es keinen begleitenden Veloweg, abschnittsweise aller-

dings einen Fahrradstreifen. Über das Gelände links und rechts dieser Strecke gibt es alternative Routen in den Schwierigkeitsstufen S0 bis S1, sie verlängern die Tour allerdings natürlich in zeitlicher Hinsicht erheblich. Elgg durchqueren wir in einem Rechtsbogen und können am Siedlungsende nach links einer kleineren Strasse entlang des Horbenbachs folgen. Wir kommen durch **Ettenhausen**, vorbei am kleinen **Tänikonerweiher** und gelangen zurück nach **Balterswil**. Auf der bereits bekannten Strecke geht es zurück zum Ausgangspunkt am **Bahnhof** in **Eschlikon**. Kurz bevor wir dort ankommen, können wir noch dem **Schlangenzoo Eschlikon** einen Besuch abstatten. 150 Tiere von allen Kontinenten sind hier zu sehen, sogar anfassen kann man einige von ihnen.

Kultur	●○○○○○
Landschaft	●●●●●●
Familie	●●●○○○

Anfahrt

ÖV: Bahnhof Eschlikon

Mit dem Auto: A 1, Ausfahrt 76 (Münchwilen), über Sirnach nach Eschlikon.

Gemütlich reinsetzen

Pöstli Eschlikon,
Bahnhofstrasse 7, Eschlikon

Sticki Kaffee,
Bahnhofstrasse 7, Turbenthal

Restaurant Elggerhof,
Vordergasse 15, Elgg

Kartentipp

Kümmerly+Frey Velokarte 6 Zürich
1:60 000

Dein Raus-Moment

08

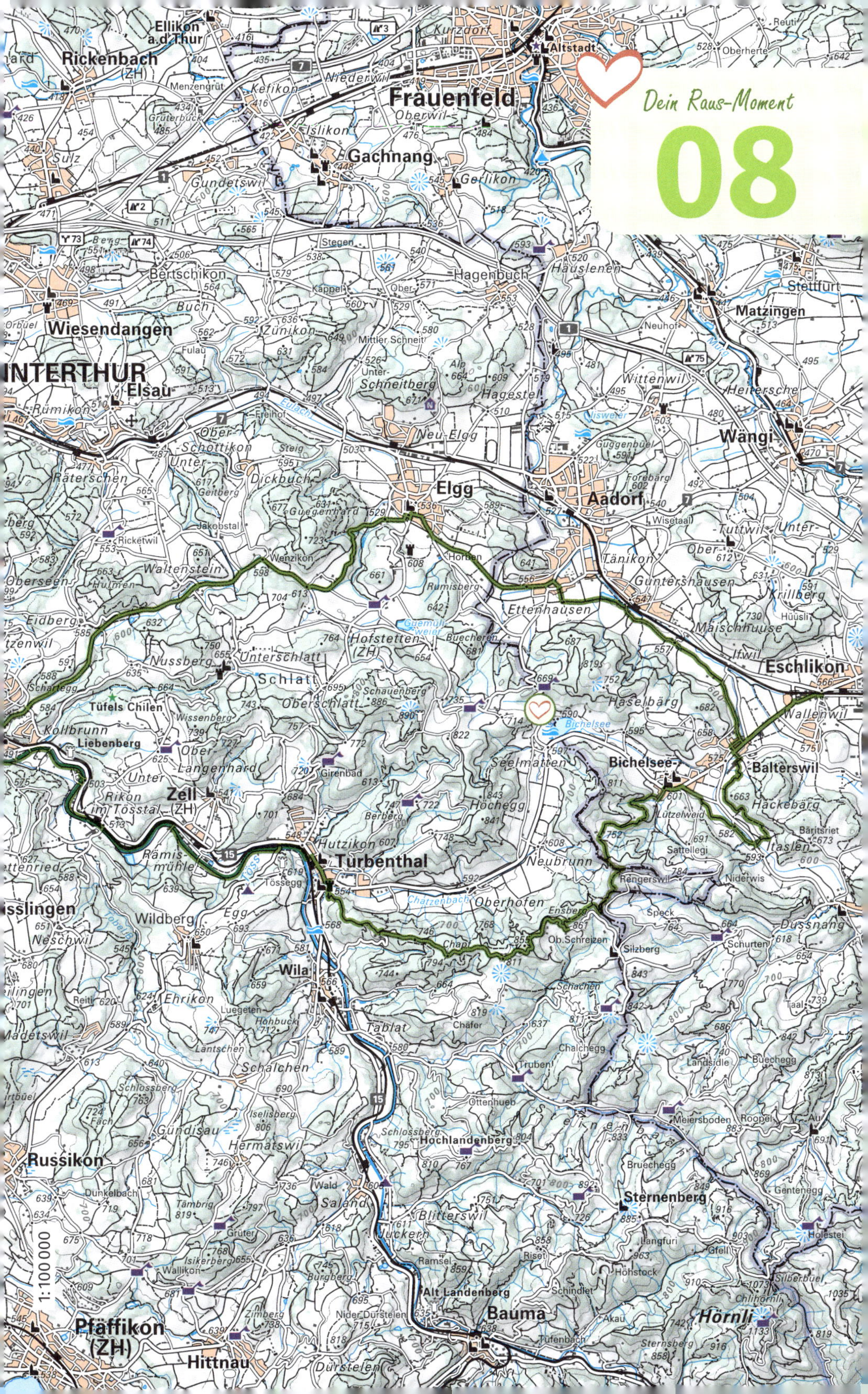

Highlights

- Altstadt von Wil
- Hurnerwald
- Aussicht vom Wiler Turm
- Stadtweiher von Wil

Länge	42 km
Dauer	2 Std. 30 Min.
Schwierigkeit	leicht
Technik	S0
Untergrund	31 km Asphalt, 11 km Naturbelag
Tourenart	Rundtour

Von Wil nach Aadorf

Durch die idyllische Hügellandschaft bei Wil

Die Kulturlandschaft zwischen Wil, Aadorf und Matzingen ist an Idylle kaum zu überbieten: sich sanft wellende grüne Hügel, Streuobstwiesen, kleine Waldgebiete, dazwischen das Läuten der Kuhglocken. Einfach herrlich!

09

Wil ist nicht nur der Ausgangsort dieser Tour, sondern auch das wirtschaftliche Zentrum der Region Toggenburg. Bereits um das Jahr 1200 wurde die Stadt gegründet und besticht heute unter anderem durch ihre pittoreske Altstadt mit schönen Riegelhäusern, malerischen Arkaden und romantischen Gassen. Wir beginnen unsere Tour am **Bahnhof**. Wer einen barrierefreien Bahnhof braucht, findet den nächstgelegenen im knapp 6 Kilometer entfernten Münchwilen.

Höhenlage	440 m / 720 m
Aufstieg	530 m
Abstieg	530 m

Wir verlassen das Bahnhofsgelände, indem wir unser Velo durch die Unterführung schieben. In südwestlicher Richtung und vorbei am Sportplatz verlassen wir die Stadt, durchqueren **Busswil** und rollen nach **Littenheid** hinunter – dabei erhaschen wir sogar einen kurzen Blick auf den Säntis. Die Strasse beschreibt eine 90°-Kurve nach links, bei der dritten Gelegenheit (Chranzenbergstrasse)

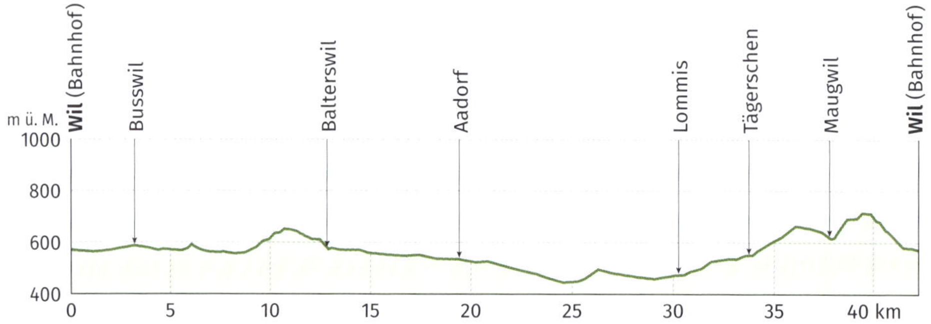

zweigen wir nach rechts ab und halten uns an der Y-Kreuzung auf dem rechten Schotterweg. Er führt uns vorbei an Wiesen zu einer Kreuzung am Waldrand, wir treten geradeaus in Richtung Wald hinauf und nehmen nach dem Rechtsbogen im Wald den rechten Schotterweg. Es geht nun durch das kleine **Flachmoor Awiler Riet** zur Siedlung **Anwil**, die wir nach rechts durchqueren.

Am Anfang von **Brunewis** halten wir uns links und überqueren die kleine Murg. Nach links haben wir dann einige Höhenmeter zum **Hurnerwald** hinauf zurückzulegen, an dessen Rand wir uns rechts halten und ihn einfach mit dem Wegverlauf durchqueren. Zwischendurch lädt eine Feuerstelle zur Pause ein, an einem Brunnen informiert eine Tafel über die Quellen des Hurnerwalds. Bei der T-Kreuzung halten wir uns rechts und mit Verlassen des Walds liegt **Balterswil** vor uns.

Wir rollen in den kleinen Ort hinunter, folgen der Hauptstrasse kurz nach rechts und schon geht es gleich nach links wieder aus dem Ort hinaus, idyllische Wiesen und vereinzelte Bäume bleiben nun für einige Zeit unsere angenehmen Begleiter. Nach dem **Tänikonerweiher** biegen wir nach rechts nach **Ettenhausen** hab, durchqueren anschliessend **Aadorf** in Richtung Nordosten und biegen nach links einen kleinen Wald.

Dein Raus-Moment

Der kleine **Tänikonerweiher** nahe Guntershausen hat eine schöne und gut mit Brennholz ausgestattete Grillstelle mit Blick auf das schilfbestandene gegenüberliegende Ufer und einen kleinen Holzsteg zu bieten, dazu angenehme Sitzbänke. Plane hier unbedingt eine kleine Pause ein, es tut so gut!

E-Bike-Ladestationen in Winterthur (12 Kilometer von Aadorf entfernt): Coop Supermarkt, Rudolf-Diesel-Strasse 19

Es geht an der Kreuzung rechts nach **Weiern** und vorbei an Feldern zur Autobahn, die wir unterqueren. Anschliessend kommen wir in einem Rechtsbogen durch **Matzingen**.

Auf kleinen Strassen fahren wir über **Lommis** und **Tägerschen** nach **Hittingen**. Hier biegen

wir zwischen den Hofgebäuden rechts ab, der Wegbelag wechselt zu Schotter und wir fahren in sanftem Auf und Ab und einem leichten Rechtsbogen vorbei an Obstbäumen und Feldern. Das beruhigende Geräusch von Kuhglocken begleitet uns auf dem Weg, zwischendurch sind immer wieder die spitzen Schreie von Greifvögeln zu hören. Wir fahren durch **Maugwil**, überqueren einen munter rauschenden Bach und erklimmen mit wunderbaren Weitblicken den **Muggenbüel**. Die grünen Wiesenhügel wölben sich sanft unter dem blauen Himmel, vereinzelt stehen alte Obstbäume.

Rechter Hand ist rasch der **Aussichtsturm von Wil** zu sehen, er ist unser nächstes Ziel. Dafür halten wir uns rechts zum Wald hin, zweigen in diesem nach wenigen Metern nach links ab auf einen kleinen wurzeligen Pfad und erreichen rasch den Aussichtsturm. 189 schweisstreibende Stufen führen hinauf, oben werden wir dafür mit einer umwerfenden Aussicht belohnt, die unter anderem bis zu den Gipfeln Mürtschenstock, Clariden, Titlis, Mönch und Eiger reicht.

Nach diesem schönen Abstecher setzen wir unseren Weg fort, der uns nun recht steil hinunter nach **Wil** führt. Dabei kommen wir an einer aussichtsreich gelegenen Sitzbank beim alten Grenzstein aus dem Jahr 1647 vorbei. Hier lässt sich nach den Mühen der Turmbesteigung gut kurz rasten. Auf unserem Weg zurück zum Ausgangspunkt am **Bahnhof** kommen wir am Stadtweiher von Wil vorbei, der zu Fuss rasch umrundet ist. Er überrascht uns mit ungeahnt vielen Arten von Enten!

Kultur ●●●●●●

Landschaft ●●●●●●

Familie ●●●●●●

Anfahrt

ÖV: Bahnhof Wil

Mit dem Auto: A 1, Ausfahrt 77 (Wil), in Richtung Stadtzentrum liegt der Bahnhof linker Hand.

Gemütlich reinsetzen

Gasthaus Krone,
Hauptstrasse 31, Balterswil

Restaurant Hirschen,
Rüetschbergstrasse 6, Ettenhausen

Restaurant Mühli,
Mühle 6, Matzingen

Kartentipp

Kümmerly+Frey Velokarte 2 Bodensee 1:60 000

Dein Raus-Moment

09

Highlights

- Riegelbauten in Gottlieben
- Schloss Arenenberg mit Napoleonmuseum
- Feldbach Park in Steckborn
- Stein am Rhein

10

Von Kreuzlingen nach Stein am Rhein

Wasser- und Waldtour

Eine herrliche Tour, die von wunderbar abwechslungsreichen Wegen direkt an Bodensee und Rhein bis hin zu schön schattigen Waldwegen im Hinterland alles zu bieten hat.

Länge	61 km
Dauer	4 Std.
Schwierigkeit	mittel
Technik	S0
Untergrund	35 km Asphalt, 26 km Naturbelag
Tourenart	Rundtour

Der Untersee ist der deutlich kleinere der beiden Seen, die zusammen den Bodensee bilden. Verbunden ist er mit dem Obersee durch den 4 Kilometer kurzen Seerhein, parallel zu dem wir diese Tour beginnen. Im Verlauf der Strecke kommen wir immer wieder an Strandbädern vorbei, die Badesachen sollten also auf keinen Fall fehlen, um zwischendurch mal kurz in den See springen zu können. Es geht vom **Bahnhof** in **Kreuzlingen** aus entlang der deutschen Grenze und so fahren wir bald durch die liebliche Landschaft am südlichen Ufer des lang gezogenen Untersees. Dort, wo der Fluss wieder zum See wird, wartet **Gottlieben**, das mit Drachenburg und Waaghaus ein Musterbeispiel der ostschweizerischen Riegelbauweise vorzuweisen hat.

Höhenlage	400 m / 630 m
Aufstieg	730 m
Abstieg	730 m

Idyllisch fahren wir weiter zwischen Feldern und Schilfgürteln auf dem bestens signalisierten Veloweg westwärts – ein Velo mit blauem Hinterrad markiert die Route. Über den See schweift der Blick auf die Klosterinsel Reiche-

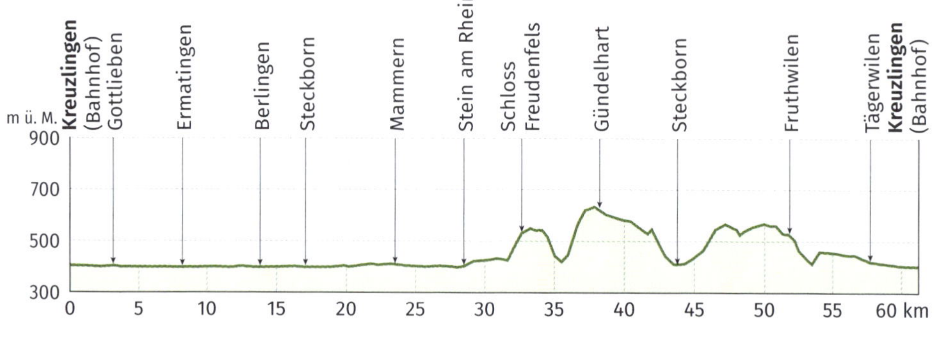

nau. Kurz vor **Mannenbach** kommen wir am **Schloss Arenenberg** mit dem **Napoleonmuseum** vorbei, einst Jugenddomizil von Kaiser Napoleon III. mit edlem Interieur. Allein die Arenenberger Gartenwelt lohnt schon einen kurzen Zwischenstopp. Wer will, kann die Velotour in **Mannenbach** unterbrechen, um mit der Solarfähre einen Abstecher auf die grösste Insel im Bodensee mit dem kulturhistorisch interessanten **Kloster Reichenau Mittelzell** zu unternehmen, das bereits im Jahr 724 gegründet worden ist.

Am sich verjüngenden See setzen wir unsere Fahrt fort und fahren vorbei an **Berlingen** nach **Steckborn** mit seiner malerischen Altstadt, stets mit wunderbaren Ausblicken auf den See. Der **Feldbach Park** in Steckborn lädt mit seinen grosszügigen Wiesenflächen zu einer Pause ein. Nachdem wir **Mammern** am Fusse der Burgruine Neuburg passiert haben, gelangen wir vorbei an **Eschenz** rasch zum Wendepunkt unserer Tour bei **Stein am Rhein**. Ein Abstecher über die Brücke, um den wirklich sehenswerten Ort zu besuchen, ist unbedingt empfehlenswert. Von hier setzt der endgültig zum Strom gewordene Hochrhein seine Reise zur Nordsee fort. Wer schon müde ist oder in Stein am Rhein zu viel Zeit vertrödelt hat, kann sich natürlich auch mit Sack und Pack und Velo mit einem Schiff der Bodenseeflotte zurück nach Kreuzlingen bringen lassen. Jetzt kommt das grosse „Aber“: Damit verpasst man eine wirklich schöne Rückfahrt!

E-Bike-Ladestationen in Stein am Rhein: Veloparkplatz Untertor

Wir schlagen vor der Brücke nämlich einen Linksbogen und verlassen die Gemeinde über den Weg durch die Felder (Studenackerstrasse). Es geht vorbei am **Hotel Schloss Freudenfels**. Bei **Klingenzell** biegen wir links auf einen Schotterweg ab. Er führt durch herrlich kühlen Wald, zuerst ohne grosse Anstrengungen entlang der Höhenlinie und dann mit einem kurzen Anstieg, bevor wir erneut – nun wieder auf Asphalt – nach **Mammern** gelangen.

An der Torggelstrasse rechts, gleich darauf links an der Liebenfelsstrasse und dann wieder rechts, wo uns ein Pfad über den kleinen Bach leitet. Wir schlagen einen Rechtsbogen

Dein Raus-Moment

Bei **Eschenz** gelangst du über eine etwa 200 Meter lange Holzbrücke auf die kleine **Rheininsel Werd**. Die dortige Kapelle stammt aus dem 10. Jahrhundert. Der kleine Abstecher lohnt sich schon allein für die schönen Blicke auf den Strom von der Brücke aus.

zum Wald hin, treten durch ihn hinauf zu einer kleinen Siedlung und gelangen anschliessend rasch nach **Gündelhart.** Am Ortsbeginn scharf links und entlang von Feldern, bis wir an den Waldrand gelangen. Hier geht es direkt vor einer Hofstelle nach links. An der Kreuzung im Wald halten wir uns rechts und fahren bis zur T-Kreuzung. Erneut rechts und an der Strasse links bis zum Parkplatz, von dem aus sich eine schöne Sicht auf den Untersee auftut. Wir nehmen den Weg vor dem Parkplatz am Waldrand entlang in Richtung See und können gleich links durch den Wald auf einem kleineren Pfad abkürzen oder geradeaus und links zur nächsten Kreuzung fahren. Wir durchqueren nun **Steckborn**, verlassen den Ort auf der Talstrasse und folgen ihrem Verlauf, bis etwa 500 Meter nach einer markanten Rechtskehre links ein Feldweg abzweigt. Es geht in Richtung Osten bis wir auf die Bergstrasse stossen und ihr nach links folgen. Nach der Linkskehre fahren wir rechts in den Wald hinein, passieren eine kleine Holzbrücke und eine Grillstelle und geniessenn die wunderbare Waldluft.

Nachdem wir den Wald hinter uns gelassen haben, gelangen wir über **Fruthwilen**, **Erma tingen**, **Triboltingen** und **Tägerwilen** wieder zurück zu unserem Ausgangspunkt am **Bahnhof** in **Kreuzlingen**.

E-Bike-Ladestationen in Kreuzlingen: Tour de Suisse Rad AG, Seetalstrasse 31

Kultur	●●●●●●
Landschaft	●●●●●●
Familie	●●●○○○

Anfahrt

ÖV: Bahnhof Kreuzlingen

Mit dem Auto: A7, Ausfahrt 6 (Kreuzlingen Süd), am Kreisverkehr links und dann stets geradeaus bis zum Bahnhof.

Gemütlich reinsetzen

Restaurant Waaghaus,
Am Schlosspark 7, Gottlieben
Restaurant Seegarten,
Untere Seestrasse 39, Ermatingen
Gasthaus Hirschen,
Seestrasse 67, Berlingen

Kartentipp

Kümmerly+Frey Velokarte 2 Bodensee 1:60 000

Dein Raus-Moment 10

Highlights

- Eisenbahn-Erlebniswelt Locorama in Romanshorn
- Romanshorner Wald
- Apfeldorf Altnau
- sehenswertes Kreuzlingen

Länge	47 km
Dauer	2 Std. 30 Min.
Schwierigkeit	leicht
Technik	S0
Untergrund	37 km Asphalt, 10 km Naturbelag
Tourenart	Rundtour

Zwischen Romanshorn und Kreuzlingen

Klassische Bodensee-Route

Die Bodensee-Region ist ein Klassiker für Velofahrer und immer eine Reise wert. Wunderschön geht es auf der hier vorgestellten Rundtour durch das Thurgauer Hinterland und entlang des Sees.

11

Wir beginnen die Tour am barrierefreien Bahnhof der Hafenstadt **Romanshorn** – raus aus dem Bahnhof und schon liegt der Bodensee vor uns. Südlich haltend in Richtung Salmsach und Hungerbühl kommen wir gleich anfangs an der **Eisenbahn-Erlebniswelt Locorama** vorbei und können uns schon hier einen ersten Stopp überlegen oder diesen Highlightpunkt im Hinterkopf behalten als Zusatzerlebnis nach Ende der Tour: Man kann hier Dampflokomotiven bewundern oder eine Draisinenfahrt machen, eine Modelleisenbahn lässt Liebhaberherzen höherschlagen.

Höhenlage	400 m / 500 m
Aufstieg	210 m
Abstieg	210 m

E-Bike-Ladestationen in Romanshorn: Friedrichshafnerstrasse 55

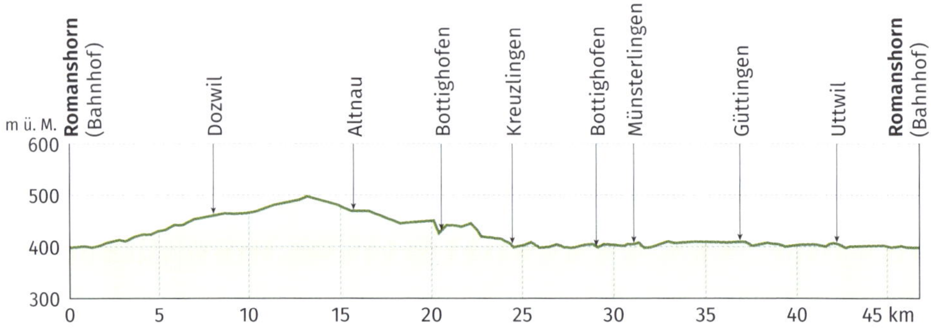

Aber eigentlich sind wir ja zum Velofahren hier. Also folgen wir zunächst ein kurzes Stück der SchweizMobil-Veloland-Route Nr. 5 bis **Hungerbühl** und fahren dabei durch eine idyllische Landschaft, vorbei an alten Obstbäumen und friedlich grasenden Kühen – die Schweiz wie aus dem Bilderbuch. In Hungerbühl wechseln wir auf die Veloland-Route Nr. 82 und fahren hinauf auf den Seerücken entlang von Feldern und durch den hübschen **Romanshorner-Laubwald** nach **Dozwil**. An klaren Tagen lassen sich hier wunderbare Ausblicke über einen grossen Teil des Bodensees geniessen.

Weiter geht's entlang des Güttinger Waldrands, immer mit herrlichen Blicken über den See, bis **Bleihof**. Dort nehmen wir die Veloland-Route 55, stets in Richtung Kreuzlingen. Hier im Hinterland kommen wir an unzähligen Obstbäumen vorbei, aus denen diverse köstliche Spezialitäten gewonnen werden. Mehrere Bauernhöfe bieten unterwegs regionale Produkte zum Verkosten und Kaufen an und in gemütlichen Gasthöfen lässt es sich prächtig einkehren. Auf unserem Weg passieren wir **Altnau**, das inmitten unzähliger Apfelbäume liegt, 300 000 Stück sollen es insgesamt sein.

Dein Raus-Moment

Eine **Grillstelle am Waldesrand** in der Nähe von **Altnau**: Der Blick schweift über Felder, Wiesen und Obstbäume, das viele Grün und die gute Luft lassen den Brustkorb weit und den Atem langsamer werden. Dahinter die blaue Fläche des Bodensees und in der Ferne Deutschland. Wenn du jetzt noch vorgesorgt und schmackhaftes Grillgut sowie kühle Getränke mitgebracht hast, steht dem Glück eigentlich nichts mehr im Weg.

Nachdem wir **Bottighofen** am Rande gestreift haben, gelangen wir auch schon nach **Kreuzlingen**, wo es etwas lebhafter zugeht. Unsere Route durch die grösste Schweizer Stadt am Bodensee führt uns direkt vorbei am Museum Rosenegg und dem Feuerwehrmuseum, nur zwei der Sehenswürdigkeiten der bezaubernden Stadt. Anschliessend gelangen wir nach einem kurzen Stück direkt entlang der deutschen Grenze zum Hafengelände: Das Seemuseum Kreuzlingen, ein Schwimmbad, ein Abenteuerspielplatz, diverse Einkehrmöglichkeiten und der Ausblick auf die im Kreuzlinger Hafen vor sich hintümpelnden Boote laden zu einer Pause ein.

E-Bike-Ladestationen in Kreuzlingen: Seetalstrasse 31

Wir nehmen nun die Veloland-Route Nr. 2 am See zurück nach Romanshorn. Hier treffen wir wieder auf viele Velofahrer, aber auch auf hübsche Stellen, wo ein erfrischendes Bad im See lockt. Badis auf dem Rückweg gibt es zum Beispiel in Kreuzlingen, Bottighofen, Münsterlingen (mit Piraten-Abenteuerschiff), und Uttwil.

E-Bike-Ladestationen in Güttingen: Hauptstrasse 54

Zuletzt lädt nach beendeter Tour das attraktive Seebad in **Romanshorn** mit Wasserrutsche und einem Steg zum Entspannen ein. Wer stattdessen noch Lust auf etwas Kultur verspürt, dem sei das Museum am Hafen kurz vor Ende der Tour ans Herz gelegt. Es punktet mit interessanten historischen Infos und einem wundervollen Ausblick auf das rege Treiben am Bodensee.

Kultur ●●●●●●

Landschaft ●●●●●●

Familie ●●●●●●

Anfahrt

ÖV: Bahnhof Romanshorn

Mit dem Auto: Autostrasse A 23 bis Arbon, auf der Hauptstrasse 13 über Egnach nach Romanshorn; im zweiten Kreisverkehr rechts über die Bahnhofstrasse zum Bahnhof

Gemütlich reinsetzen

Waldschenke Romanshorn
im Romanshorner Wald

Gasthof Landhaus,
Amriswilerstrasse 1, Dozwil

Strandwirtschaft Schlössli,
Seestrasse 50, Bottighofen

Kartentipp

Kümmerly+Frey Velokarte 2 Bodensee 1:60 000

Dein Raus-Moment

11

Highlights

- Weinweg Weinfelden
- abwechslungsreiche Schotterwege
- Obstanbaugebiet bei Altnau

Länge	44 km
Dauer	2 Std. 30 Min.
Schwierigkeit	leicht
Technik	S0
Untergrund	31 km Asphalt, 13 km Naturbelag
Tourenart	Rundtour

Von Weinfelden nach Altnau

Die Öpfel-Tour

Diese einfache Rundtour durch den Kanton Thurgau – ein echtes Veloparadies – ist mit einem Hauch von Abenteuer für Velofahrer gewürzt, die ansonsten vorwiegend auf Asphalt unterwegs sind.

12

Blauburgunder, Rondo, Weissburgunder, Müller-Thurgau und Kernling – das sind nur ein paar der klingenden Namen jener Rebsorten, die bei Weinfelden angebaut werden und dem Namen der Kleinstadt somit alle Ehre machen. Selbstredend gibt es hier dann auch einen Weinweg, der durch den historischen Ortskern, mitten durch die Rebberge und vorbei an verschiedenen Weingütern führt. Neben der schönen Landschaft hat dieser Weinweg noch ein besonderes Highlight

Höhenlage	430 m / 560 m
Aufstieg	340 m
Abstieg	340 m

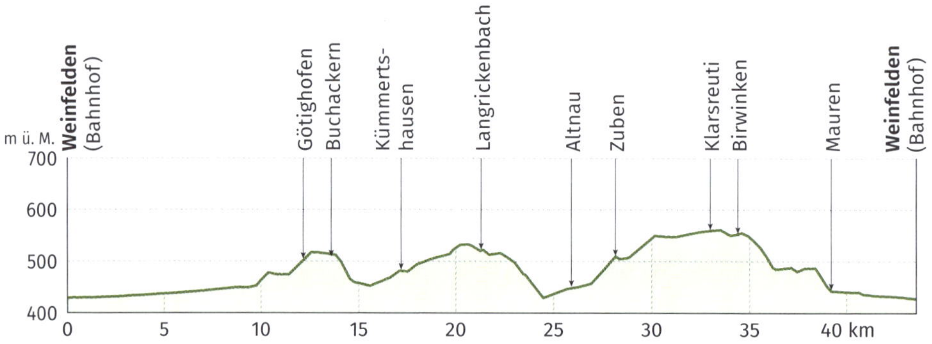

zu bieten: Beim Bahnhof Weinfelden kann ein Weinwegrucksack mit dem Code für den Weinsafe erworben werden. So lassen sich die köstlichen Tropfen der Winzer im Verlauf der 9 Kilometer langen Strecke auch degustieren. Dies alles sei aber nur am Rande für alle jene erwähnt, die mit der hier vorgestellten Velotour noch nicht ausgelastet sind.

E-Bike-Ladestationen in Weinfelden: Walkestrasse 40

Auch der Startpunkt liegt am Bahnhof des beschaulichen 11 000-Einwohner-Orts **Weinfelden**, wo sich noch nichts vom eingangs erwähnten Hauch von Abenteuer erahnen lässt. Wir verlassen das Bahnhofsgelände in Richtung Osten und fahren vor bis zur Wilerstrasse, biegen nach rechts ab und halten uns an der Y-Kreuzung links auf die Sangenstrasse. Nach der Querung der Deucherstrasse folgen wir dem Strassenverlauf bis zum Ufer der Thur. Links vorbei am Thurbad und nach dessen Gelände rechts direkt zum Fluss – für alle jene, die sonst vorwiegend auf Asphalt unterwegs sind, beginnt damit das Abenteuer. Der Untergrund ist allerdings gleichmässig und eignet sich auch für Rennvelos.

So passieren wir **Bürglen** und gelangen nahe des Buhwiler Stegs links nach **Sulgen**. An der T-Kreuzung geht es kurz links auf der Kradolfstrasse, beim Restaurant Freihof Sulgen rechts und gleich wieder links, nun entlang der Bahngleise. Nach einer kurzen Strecke müssen wir absteigen und das Velo über die Treppe hinauf zur Bleikenstrasse schieben – hier macht sich die Schiebehilfe des Velos bezahlt. Rechts geht es entlang der Strasse, bis diese eine Rechtskurve beschreibt. An ihrem Ausgang halten wir uns scharf links und verlassen damit den Siedlungsbereich.

Im weiteren Verlauf der Strecke gibt es immer wieder gut unterhaltene Abschnitte auf Schotter. Beinahe wähnt man sich auf den Strade Bianche der Toskana, dem Traum aller Velofahrer. All dies findet sich bei wenig Verkehr in der bezaubernden Landschaft des Thurgaus, wo man einladende Dörfer passiert und an Bauernhöfen und Obstplantagen vorbeifährt.

So fahren wir also nach **Gutbertshausen** und folgen der Hauptstrasse nach **Götighofen**. Am Restaurant Linde links (nur wenige Meter weiter links liesse sich das interessante Stickereimuseum besuchen, Hauptstrasse 9A) und anschliessend gleich wieder links auf die Thalackerstrasse. Sie schlägt einen Links-Rechtsbogen, führt vorbei an einer Weinhandlung

Dein Raus-Moment

In **Altnau** ist es nach dem Schulgelände linker Hand gleich rechts über die Bahnhofstrasse nur ein kurzer Abstecher zum Ufer des Bodensees und zum **Altnauer Bodenseesteg.** Mit 270 Metern ist er der längste Steg am Bodensee. Von seinem Ende aus schweift der Blick Richtung Deutschland über die imposante Wasserfläche, die den Wetterverhältnissen entsprechend in den unterschiedlichsten Blau- und Grüntönen schimmert.

in einem schönen Fachwerkshaus und dann weiter in das Bauerndorf **Buchackern.**

Mit der Hauptstrasse verlassen wir nach links den Ort, folgen dem Strassenverlauf und gelangen nach **Erlen.** Hier überqueren wir die Hauptstrasse und die Bahngleise, verbleiben an der Kümmertshauserstrasse kurz auf dieser nach rechts und wählen dann den linken Strassenarm. Mit dem Strassenverlauf durchqueren wir **Kümmertshausen.** Kurz nach dem Ort zweigt eine kleine Strasse nach links ab, der wir folgen. An der T-Kreuzung bei **Lenzwil** rechts, vorbei an Untergreut und Obergreut und hier wieder rechts bis nach **Langrickenbach.** Geradeaus durch die kleine Siedlung und danach inmitten des Anbaugebiets rechts weiter auf der kleinen asphaltierten Strasse. Nach dem Passieren der Hofanlage geht es links weiter auf dem Schotterweg. Er führt uns zuerst durch den Wald und anschliessend vorbei an Wiesen und Feldern bis zur Güttingerstrasse zwischen Güttingen und Altnau. Der Bodensee ist nun ganz nah.

E-Bike-Ladestationen in Altnau: Ruderbaum 3 (Camping Ruderbaum)

Wir wenden uns nach links und durchqueren **Altnau,** in dessen Gebiet dank der geschützten Lage Äpfel und Beeren besonders gut gedeihen. Kurz nach dem Ort biegen wir nach einem Hof nach links ab, durchqueren **Zuben** und wählen nach der Linkskurve die erste Möglichkeit nach rechts. Wir schlagen einen Linksbogen um den Emerzer Weier, durchqueren **Klarsreuti** und **Birwinken,** fahren südlich von **Guntershausen** vorbei und gelangen über **Mauren** zurück nach **Weinfelden.**

Kultur	●●○○○○
Landschaft	●●●●●●
Familie	●●●●●●

Anfahrt

ÖV: Bahnhof Weinfelden

Mit dem Auto: von Kreuzlingen aus über die A7 kommend, Ausfahrt Müllheim, in Richtung Osten nach Weinfelden

Gemütlich reinsetzen

Landgasthof Löwen,
Hauptstrasse 27, Sulgen

Bäckerei Kunz,
Güttingerstrasse 30, Altnau

Musigschöpfli Birwinken,
Rosengartenstrasse 2, Birwinken

Kartentipp

Kümmerly+Frey Velokarte 2 Bodensee 1:60 000

Dein Raus-Moment
12
Bodensee
KONSTANZ
Kreuzlingen
Tägerwilen
Triboltingen
Emmishofen
Kurzrickenbach
Bottighofen
Münsterlingen
Scherzingen
Landschlacht
Lengwil
Dettighofen
Schönenbaumgarten
Altnau
Zuben
Illighausen
Herrenhof
Langrickenbach
Klarsreuti
Birwinken
Happerswil
Mattwil
Buch
Andwil
Kümmertshausen
Engishofen
Oberaach
Kemmental
Alterswil
Altishausen
Graltshausen
Siegershausen
Berg (TG)
Andhausen
Kehlhof
Mauren
Guntershausen
Heimenhofen
Leimbach
Weinfelden
Bürglen (TG)
Opfershofen
Donzhausen
Ennetaach
Hessenreuti
Sulgen
Erlen
Riedt
Buchackern
Bleiken
Befang
Götighofen
Heldswil
Zihlschlacht
Kradolf
Schönenberg
Istighofen
Mettlen
Buhwil
Thur
Hohentannen
Neukirch a.d. Thur
Schönholzerswilen
Sitterdorf
Freizeitpark
Bischofszell
Thurbrücke
Heiligkreuz
Hosenruck
Zuckenriet
Dägetschwil
Antetschwil
1:90 000

Highlights

- Rosenstadt Bischofszell
- Arbon mit vielen Sehenswürdigkeiten
- Wasserschloss Hagenwil
- Naturschutzgebiet Hudelmoos

Länge	44 km
Dauer	2 Std. 30 Min.
Schwierigkeit	leicht
Technik	S0
Untergrund	34 km Asphalt, 10 km Naturbelag
Tourenart	Rundtour

Von Bischofszell nach Arbon

Natur und Kultur unter einem Hut

13

Eine idyllische Runde, die nicht nur durch schöne Kulturlandschaft führt, sondern dazu noch ins quirlige Arbon mit grossem kulturellem Angebot und Urlaubsfeeling am Bodensee. Ein Naturschutzgebiet gibt's als Draufgabe.

Diese gemütliche Tour beginnt in der charmanten, am Zusammenfluss von Sitter und Thur gelegenen Rosenstadt **Bischofszell**. Hier laden die barocke Altstadt mit ihren schmalen Gassen und Sehenswürdigkeiten wie dem Rathaus und der alten Thurbrücke zu einem Spaziergang ein, ehe wir uns dann in den Sattel schwingen.

Höhenlage	390 m / 580 m
Aufstieg	380 m
Abstieg	380 m

Wir überqueren die Sitter, fahren nach **Sitterdorf** und biegen kurz vor dem Siedlungsende scharf rechts auf die St. Gallerstrasse ab. Gemächlich geht es auf der wenig befahrenen Strasse entlang von Feldern und Wiesen dahin bis **Rohrenmoos**. Gleich danach halten wir uns nach rechts in Richtung **Häggenschwil**. Wir fahren durch den kleinen idylli-

schen Ort und nicht minder idyllisch weiter bis **Ruggisberg**. Nach dem regionalen Landwirtschaftsmuseum biegen wir links ab, halten uns kurz auf der Wattstrasse nach rechts und dann gleich wieder nach links vorbei an einem Hofgelände. Der Belag wechselt nun zu Schotter, wir überqueren den kleinen Salbach und halten uns hier rechts. Es folgt ein schöner Abschnitt durch ein lichtes Waldstück und wir gelangen nach **Roggwil**.

Um die viel befahrene Strasse zu vermeiden, biegen wir im Ortszentrum rechts ab und wählen den zweiten Schotterweg, der nach links in die Felder abzweigt. Er führt uns in einem Linksbogen über den **Haselbach**, hier müssen wir das Velo kurz über ein paar Stufen schieben. An der Strasse angekommen rechts und rechts vorbei an einem Firmengelände, dann bringt uns ein weiter Linksbogen auch schon nach **Arbon** und damit direkt zum Ufer des Bodensees. Wir haben nun die Qual der Wahl: Ins Badi und den Seepark, das römische Kastell Arbor Felix besuchen oder doch lieber das Historische Museum Schloss Arbon, in dem man viel Interessantes über 5500 Jahre Siedlungsgeschichte am Bodensee erfährt?

E-Bike-Ladestationen in Arbon: Seeparksaal (Wassergasse 14), Restaurant Strandbad Buchhorn (Philosophenweg 11), Schweizer Mosterei- und Brennereimuseum (St. Gallerstrasse 209)

Nachdem wir das UNESCO-Weltkulturerbe Arbon ausgiebig genossen haben, wappnen wir uns mental für die 150 Höhenmeter, die wir auf den kommenden 18 Kilometern zurücklegen werden. Schlimm schweisstreibend wird es also nicht … Auf unserem Weg durch schönste Kulturlandschaft und kleine

Dein Raus-Moment

In **Häggenschwil** kannst du einen kleinen Abstecher zur etwa 2 Kilometer entfernten **Ruine Alt Ramschwag** unternehmen, die auf einer steilen Anhöhe hoch über der Sitter liegt. Errichtet wurde die Burg ursprünglich im 10. oder 11. Jahrhundert, der Zugang erfolgte über eine Zugbrücke über den Halsgraben. Heute kannst du in den sanierten Gemäuern das historische Ambiente geniessen, zwei Feuerstellen ermöglichen dabei einen sehr angenehmen Aufenthalt. Die vielen kleineren und grösseren Mauern dienen als Sitzmöglichkeiten.

Siedlungen passieren wir **Burkartsulishaus**, **Klösterli**, **Atzenloo** und **Mittelberg** und erreichen über **Muolen** den Ort **Hagenwil bei Amriswil**. Wir kommen direkt am idyllisch gelegenen **Wasserschloss Hagenwil** vorbei,

einer der besterhaltenen Wasserburgen der Schweiz – imponierend anzusehen, wenn einem bewusst ist, dass die ältesten Teile des Bauwerks rund 800 Jahre alt sind. Natürlich empfiehlt sich auch eine kulinarische Pause.

E-Bike-Ladestationen in Amriswil (etwa 3 Kilometer von Hagenwil entfernt): Engelmoosstrasse 1

Im Anschluss kommen wir durch das **Naturschutzgebiet Hudelmoos**. Schon die Zahlen zu seiner Biodiversität sind beeindruckend: 40 Vogel-, 210 Schmetterlings- und 29 Libellenarten sind hier ebenso vertreten wie 98 Moose und 298 Pilzarten. Das sind die nackten Zahlen, zu denen man aber rasch einen anderen Bezug bekommt, wenn man sich die Zeit nimmt, das Hudelmoos zu Fuss auf den kleinen angelegten Pfaden zu erkunden. Der federnde Boden des Hochmoores, die vielen Tümpel, Schilfgürtel und Bächlein begeistern. Eine Grillstelle gibt's auch.

Im kurz darauf erreichten **Zihlschlacht** queren wir die Hauptstrasse, schlagen noch einen schönen Linksbogen durch die Natur und fahren auf der erneut erreichten Hauptstrasse zurück zu unserem Ausgangspunkt in **Bischofszell**.

Kultur ● ● ● ● ● ●
Landschaft ● ● ● ● ● ●
Familie ● ● ● ● ● ●

Anfahrt
ÖV: Bahnhof Bischofszell
Mit dem Auto: Autobahn A 1, Ausfahrt 78 (Uzwil), in Richtung Nordosten über Niederbüren und direkt zum Bahnhof.

Gemütlich reinsetzen
Linde,
St. Gallerstrasse 46, Roggwil
Wasserschloss Hagenwil,
Schloss-Strasse 1, Hagenwil
Bistro zu Tisch,
Marktgasse 5, Bischofszell

Kartentipp
Kümmerly+Frey Velokarte 2 Bodensee 1:60 000

Dein Raus-Moment

13

Highlights

- Rorschach
- typische Appenzeller Landschaft
- schöne Ausblicke auf den Bodensee

Länge	41 km
Dauer	3 Std. 30 Min.
Schwierigkeit	mittel
Technik	S0–S1
Untergrund	26 km Asphalt, 15 km Naturbelag
Tourenart	Rundtour

Von Rorschach auf den Ruppenpass

Bodensee-Tiefblicke

14

Das hügelige Appenzellerland ist eine der urtümlichsten Regionen der Schweiz und an Idylle kaum zu übertreffen. Diese Tour präsentiert uns eine unglaubliche Vielfalt landschaftlicher Einzigartigkeiten.

Der Ruppenpass liegt zwischen den Orten Trogen und Altstätten und verbindet damit die beiden Schweizer Kantone Appenzell Ausserrhoden und St. Gallen. Die Passhöhe auf 1004 Metern liegt auf Appenzell Ausserrhodener Gebiet – kein Wunder, dass man von dieser Höhe aus wunderbare Ausblicke hat. Sie ist allerdings nicht der höchste Punkt in dem Gebiet, da der Scheitel noch etwa zehn Meter höher liegt. Er ist 500 Meter von der Passhöhe entfernt und gehört schon zum Nachbarkanton. Während der Sommermonate teilt man sich den Pass vor allem mit Motorradfahrern. Wir haben uns durch die Bezwingung des Passes mit dem Velo das abschliessende Kaltgetränk aber definitiv mehr verdient!

Höhenlage	400 m / 1110 m
Aufstieg	1330 m
Abstieg	1330 m

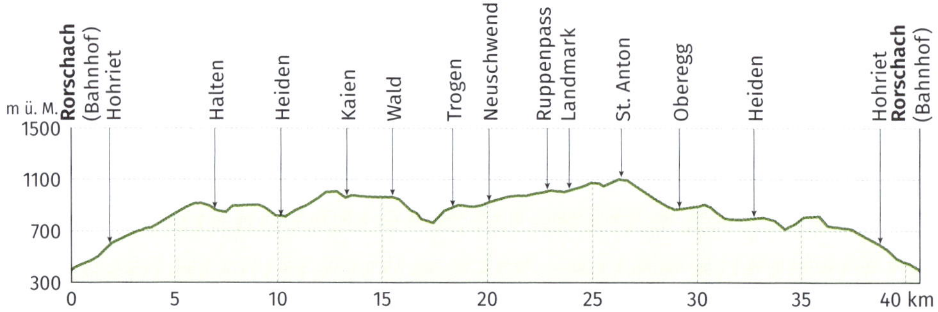

Los geht's am Bahnhof in **Rorschach**. Wir folgen der Mühletobelstrasse in Richtung Süden und verlassen mit Querung der A1 das Siedlungsgebiet von Rorschacherberg. In der Linkskurve in **Hohriet** biegen wir scharf nach rechts ab, schlagen einen Linksbogen und fahren an der Y-Kreuzung links weiter. Mit schönen Ausblicken auf den Bodensee fahren wir entlang des Walds und halten uns an der Kreuzung in diesem scharf rechts. Stets bergauf und in südwestlicher Richtung gelangen wir zur Strasse bei **Halten**, folgen ihr kurz nach links und biegen noch vor Krähtobel nach rechts ab. Entlang von Wiesen und Feldern in östlicher Richtung erreichen wir schliesslich **Heiden**.

Hier schlagen wir einen Rechtsbogen zum Spital, folgen wenige Meter der Schützengasse nach rechts und verlassen den Ort über die Brunnenstrasse. Bei der ersten Möglichkeit biegen wir rechts ab, wählen an der Y-Kreuzung den linken Weg und gelangen auf einen Feldweg. Kurz links entlang eines kleinen Grabens und hin zum Waldrand, nach rechts stossen wir dann rasch wieder auf einen Feldweg. Ihm folgen wir nach links bis zur Strasse in Oberrechstein, verbleiben kurz auf ihr nach rechts und biegen dann auch schon wieder nach links von ihr weg. Wir folgen nun dem Gesundheitsweg auf der Nasenstrasse. Mit wundervollen Ausblicken gelangen wir wieder zu Strasse und durchqueren auf ihr den kleinen Ort **Wald**. Gleich nachdem wir die Linkskehre abgekürzt haben, fahren wir noch kurz auf Asphalt und halten uns dann vor der Rechtskurve nach links auf dem Wiesenweg. Abwechslungsreiche Feld- und Wiesenwege führen uns nach **Trogen**.

Es folgt eine anstrengende Passage: Auf etwa 5.5 Kilometern geht es nun meist bergauf. Zu Beginn dieses Abschnitts findet man in Trogen sicher eine Einkehrmöglichkeit, um sich vorab zu stärken. Überhaupt empfiehlt es sich, in einem der urchigen Gasthäuser Pause zu machen und mit einem Ohr den Einheimischen zuzuhören – der lokale Dialekt des Schwyzerdütsch ist so markant, dass auch viele Deutsch-Schweizer aus anderen Regionen kaum noch ein Wort verstehen.

Gestärkt und gewappnet für den nun folgenden Anstieg verlassen wir Trogen auf der Altstätterstrasse und folgen dem Strassenverlauf hinauf bis fast zum Ruppenpass. Die Besiede-lung wird immer dünner – Appenzellerland pur! Wir sparen uns die letzten Kurven hinauf zum Pass, strampeln links über die Honeggstrasse die letzten Höhenmeter über **Haggen** und **St. Anton** und können dann endlich bequem nach **Oberegg** rollen. Wald-, Wiesenwege und kleine asphaltierte Strassen wechseln sich dabei ab, während wir die wunderbare Landschaft und die herrlichen Ausblicke geniessen können.

In Oberegg halten wir uns auf der Rutlenstrasse links, biegen jedoch bereits am Orts-

Dein Raus-Moment

Kurz bevor wir nahe des **Ruppenpasses** links auf die St. Antonstrasse in Richtung Haggen und St. Anton abbiegen, geht rechts beim Parkplatz ein Weg ab, der zu einem wundervollen **Aussichtspunkt** führt. Eine Holzbank lädt zur Rast ein, der Blick schweift ins Rheintal. Ein perfekter Ort, um zur Ruhe zu kommen und die Seele baumeln zu lassen.

ende wieder rechts von ihr ab und fahren links durch den Wald. Vorbei an einer Feuerstelle und einer Forellenzucht verlassen wir den Wald und erreichen an der Sportanlage vorbei erneut **Heiden**.

Im Ort an der Gruberstrasse rechts in die Nordstrasse, auf der wir den Ort verlassen und über den Heidentobel wieder zur Strasse gelangen. Wir folgen ihr ein kurzes Stück nach rechts. Um dem Verkehr jedoch etwas zu entgehen, biegen wir rasch wieder nach links in Richtung Unterbilchen ab. In der kleinen Siedlung halten wir uns rechts, schlagen im Wald einen Rechtsbogen und erreichen erneut die Strasse. Ihr folgen wir nun hinab nach **Hohriet** und fahren von dort aus auf dem bereits bekannten Weg zum Ausgangpunkt der Tour am Bahnhof in **Rorschach**.

E-Bike-Ladestation in Rorschach: Seecafe Arion Seepromenade

Kultur	●●○○○○
Landschaft	●●●●●●
Familie	●●●○○○

Anfahrt

ÖV: Bahnhof Rorschach

Mit dem Auto: Aus Richtung St. Gallen über die A 1 kommend Ausfahrt Meggenhus, über Goldach nach Rorschach

Gemütlich reinsetzen

Restaurant Hirschen,
Werdstrasse 36, Heiden

Restaurant Traube,
Bleichi 12, Trogen

Restaurant St. Anton,
Oberegg

Kartentipp

Kümmerly+Frey Velokarte 7 St. Gallen 1:60 000

Dein Raus-Moment

14

Highlights

- viele Sehenswürdigkeiten in St. Gallen
- Botsberger Riet
- Chocolarium von Munz und Minor
- sehenswertes Gossau

Länge	49 km
Dauer	3 Std.
Schwierigkeit	mittel
Technik	S0
Untergrund	38 km Asphalt, 11 km Naturbelag
Tourenart	Rundtour

Von St. Gallen nach Uzwil

Die Region St. Gallen

Eine schöne Runde durch die Region um St. Gallen, mit allem, was die Gegend an malerischen kleinen Städtchen und viel Natur zu bieten hat. Man sollte etwas mehr Zeit für die etlichen Sehenswürdigkeiten am Wegesrand einplanen.

15

Rund 80 000 Einwohner hat die Stadt St. Gallen, sie ist sowohl wirtschaftliches als auch kulturelles Zentrum des gleichnamigen Kantons. Um das Jahr 720 herum wurde hier das Kloster St. Gallen errichtet, Ausgangspunkt für die Entwicklung der Stadt. Die barocke Stiftskirche und die Stiftsbibliothek sind heute UNESCO-Weltkulturerbe. Dem Stiftsbezirk sollte man auch dann einen Besuch abstatten, wenn einen der sehr interessante kulturelle Hintergrund nur mässig in-

Höhenlage	540 m / 800 m
Aufstieg	610 m
Abstieg	610 m

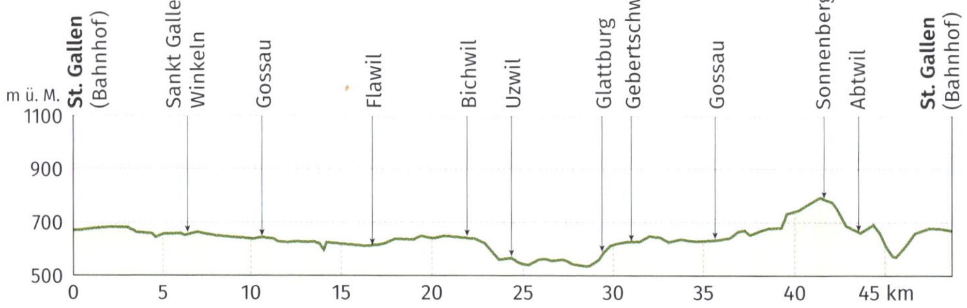

teressiert, allein die Atmosphäre ist wirklich toll. Das ist aber natürlich nicht alles, was St. Gallen zu bieten hat: Wunderbar ist es, durch die autofreie Altstadt zu schlendern oder das bunte Treiben in den Gassen von einem der vielen Lokale aus zu beobachten, die schönen Erkerhäuser bilden dafür einen stimmigen Rahmen. Gegenwartskunst in wechselnden Ausstellungen lässt sich in der Kunst Halle Sankt Gallen geniessen, sowohl Spass als auch Entspannung bietet die grosse Bäderlandschaft des Säntisparks. Nach Beendigung unserer Velotour gäbe es also einiges zu tun …

Diese starten wir am barrierefreien Bahnhof von **St. Gallen**. Wir fahren nahe der Bahnlinie in Richtung Westen bis nach **Flawil** und folgen dort der St. Gallerstrasse, bis in der langgezogenen Rechtskurve von links die Degersheimerstrasse dazustösst. In sie biegen wir ein und verlassen nach rechts, vorbei an den Sportstätten, den Ort. Es geht durch das idyllische **Botsberger Riet**, das einst ein Torfabbaugebiet war und heute ein Schutzgebiet ist.

Anschliessend kommen wir am **Chocolarium von Munz und Minor** vorbei. Du magst Schokolade? Dann solltest du dir einen Besuch der Schokoladenfabrik nicht entgehen lassen, die Tickets dafür müssen vorab online gebucht werden. Wir haben aber auch noch ein gutes Stück unserer Tour vor uns, biegen deshalb an der Schokoladenfabrik links ab und folgen dem Wegverlauf über **Aesch**, **Riggenschwil** und **Bichwil** nach **Uzwil**.

E-Bike-Ladestationen in Uzwil: Migros, Steinacker 2

Hier haben wir den tiefsten Punkt der Tour erreicht und nun bis kurz vor Abtwil ein wenig Steigung zu bewältigen. Nach dem Bahnhof in Uzwil dreht unsere Route in Richtung Osten und wir beginnen unsere Rückfahrt nach St. Gallen. Über die Gupfenstrasse und die Wattstrasse verlassen wir den Ort und kommen abwechslungsreich vorbei an Wiesen und Feldern, durch kurze Waldabschnitte und kleine Siedlungen. Dabei passieren

Dein Raus-Moment

Viel Ruhe und Idylle findest du in **Magdenau**, nur rund 1.5 Kilometer von **Flawil** aus abseits unserer Route. Das gleichnamige Kloster liegt an einem kleinen Teich. Neben einer Grillstelle am See lädt auch die lokale Beiz zu einer genussvollen Pause ein.

wir **Watt** und **Niederglatt**, kommen nach dem **Glattmüliweiher** an **Glattburg** und **Gebertschwil** vorbei und durchqueren nach **Sidenberg** ein kleines Waldstück. Am Waldrand angekommen halten wir uns rechts und gelangen rasch nach **Gossau**. Die Stadt hat neben etlichen empfehlenswerten Einkehrmöglichkeiten so einiges zu bieten: Im frei zugänglichen Bibelgarten bei der zentralen Andreas-Kirche wachsen rund 50 der 130 in der Bibel erwähnten Pflanzen. Nach Voranmeldung kann man die aus dem 18. Jahrhundert stammenden Wandmalereien im Weibelhaus besichtigen und im Walter Zoo allerlei exotische Tiere bestaunen.

E-Bike-Ladestationen in Gossau: Freihof Brauerei und Hofstube, Flawilerstrasse 46

Wir durchqueren die Stadt, queren die Autobahn und kommen an einem Militärgelände vorbei. Nun können wir es durch **Abtwil** bis hinunter zur **Sitter** rollen lassen und erreichen nach neuerlicher Unterquerung der Autobahn rasch wieder unseren Ausgangspunkt am **Bahnhof** in **St. Gallen**. Spätesten jetzt sollten wir es nicht verabsäumen, die schöne Stadt ein wenig zu geniessen!

E-Bike-Ladestationen in St. Gallen: Velostation St. Gallen, Rosenbergstrasse 59

Kultur ●●●●●●

Landschaft ●●●●●●

Familie ●●●●●●

Anfahrt

ÖV: Bahnhof St. Gallen

Mit dem Auto: A 1, Ausfahrt 83 (St. Gallen), auf der Hauptstrasse, in Richtung Stadt verbleibend, gelangt man direkt zum Bahnhof.

Gemütlich reinsetzen

Restaurant Ochsen,
St. Gallerstrasse 33, Flawil

Kafi Trüggli,
Bankstrasse 7a, Uzwil

Restaurant Quellenhof,
Bahnhofplatz 1, Gossau

Kartentipp

Kümmerly+Frey Velokarte 7 St. Gallen 1:60 000

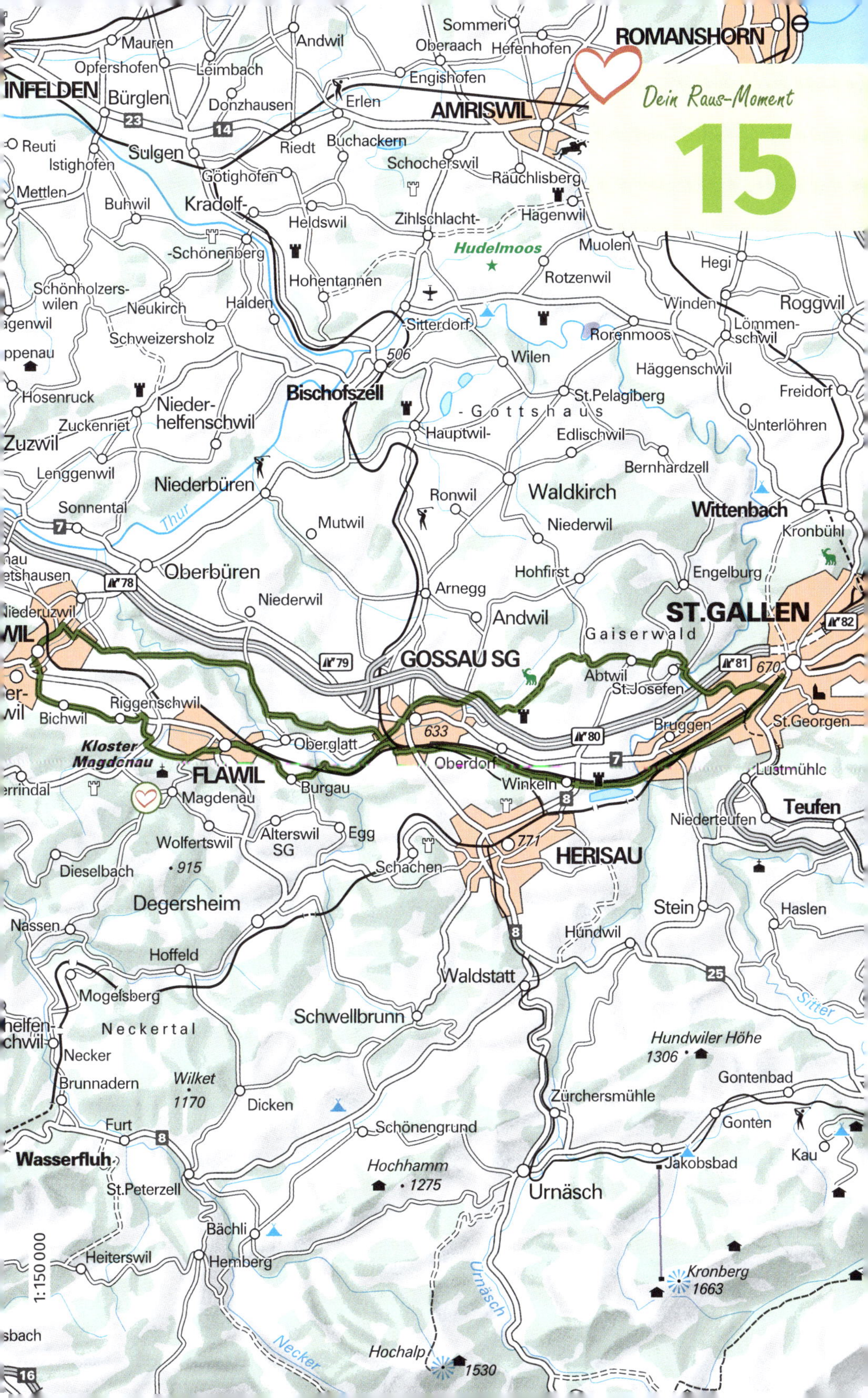
Dein Raus-Moment
15
ROMANSHORN
Sommeri
Andwil
Mauren
Oberaach
Hefenhofen
Opfershofen
Leimbach
Engishofen
INFELDEN
Bürglen
Donzhausen
Erlen
AMRISWIL
23
14
Reuti
Sulgen
Riedt
Buchackern
Istighofen
Götighofen
Schocherswil
Räuchlisberg
Mettlen
Buhwil
Kradolf-
-Schönenberg
Heldswil
Zihlschlacht-
Hagenwil
Hudelmoos
Muolen
Hohentannen
Rotzenwil
Hegi
Schönholzers-
wilen
Neukirch
Halden
Winden
Roggwil
agenwil
-Sitterdorf
Rorenmoos
Lömmen-
schwil
Schweizersholz
506
Wilen
Häggenschwil
ppenau
Bischofszell
St.Pelagiberg
Freidorf
Hosenruck
Nieder-
helfenschwil
- G o t t s h a u s
Unterlöhren
Zuckenriet
Hauptwil-
Edlischwil
Zuzwil
Bernhardzell
Lenggenwil
Niederbüren
Ronwil
Waldkirch
Wittenbach
Sonnental
Thur
Mutwil
Niederwil
Kronbühl
7
nau
etshausen
Oberbüren
Hohfirst
Engelburg
78
Niederwil
Arnegg
ST.GALLEN
Niederuzwil
Andwil
82
WIL
Gaiserwald
79
GOSSAU SG
Abtwil
81
670
er-
wil
St.Josefen
Bichwil
Riggenschwil
Bruggen
St.Georgen
633
80
Kloster
Magdenau
Oberglatt
Oberdorf
7
FLAWIL
Winkeln
Lustmühle
errindal
Burgau
8
Magdenau
Niederteufen
Teufen
Wolfertswil
Alterswil
SG
Egg
771
915
HERISAU
Dieselbach
Schachen
Degersheim
Stein
Nassen
Haslen
Hundwil
8
Hoffeld
Waldstatt
25
Mogelsberg
Sitter
Neckertal
Schwellbrunn
helfen-
chwil
Hundwiler Höhe
1306
Necker
Brunnadern
Wilket
1170
Gontenbad
Dicken
Zürchersmühle
Gonten
Furt
Schönengrund
8
Kau
Wasserfluh
Hochhamm
1275
Jakobsbad
St.Peterzell
Urnäsch
Bächli
1:150 000
Heiterswil
Hemberg
Urnäsch
Kronberg
1663
sbach
Necker
Hochalp
1530
16

Highlights

- Toggenburger Museum in Lichtensteig
- Burg Iberg bei Wattwil
- idyllisches Goldinger Tal
- beeindruckendes Tal entlang der Töss
- Panoramaweg Schnebelhorn

Länge	69 km
Dauer	5 Std.
Schwierigkeit	schwer
Technik	S0 – S1
Untergrund	58 km Asphalt, 11 km Naturbelag
Tourenart	Rundtour

Von Bütschwil auf die Farneralp

Berge, Täler, Schluchten

Alles an dieser Runde ist abwechslungsreich: die Landschaft, die Wegbeschaffenheiten, die Ausblicke, die Einkehrmöglichkeiten … Wenn man jetzt noch genug Ausdauer und Motivation mitbringt, wird das ein unvergesslicher Tag!

16

Zugegeben, diese Runde ist anstrengend und kräftezehrend, dafür aber so abwechslungsreich, dass einem das beinahe nicht auffällt. Langeweile kommt hier bestimmt nicht auf. Wir legen am barrierefreien **Bahnhof** in **Bütschwil** los und verlassen mit einem kleinen Schlenker zum **Laufkraftwerk Soor** an einer Schleife der Thur den Ort. Bei **Dietfurt** queren wir den Fluss und fahren nach **Lichtensteig**. An Sonntagnachmittagen ist hier das **Toggenburger Museum** geöffnet, in dem man sich über Kultur und Geschichte der Region informieren kann.

Höhenlage	580 m / 1120 m
Aufstieg	1490 m
Abstieg	1490 m

Wir folgen mehr oder weniger dem kleinen Fluss und queren ihn dabei mehrmals, bis wir nach **Wattwil** gelangen. Schon von Weitem

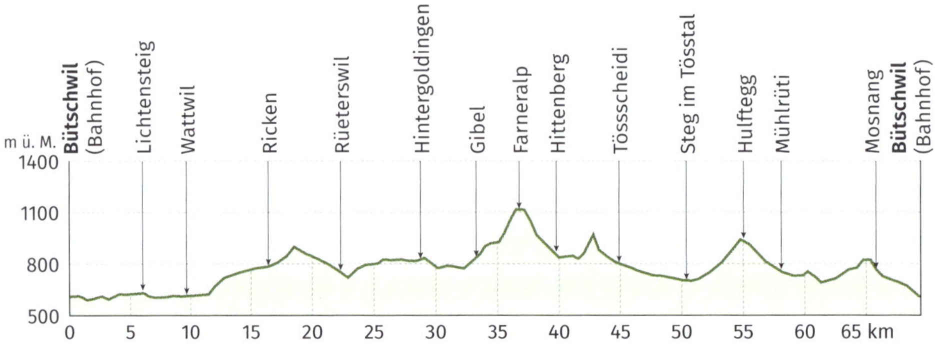

grüsst uns hier die **Burg Iberg** von einem steilen Hügel beim Ort. Sie stammt ursprünglich aus dem 13. Jahrhundert, der Turm wurde wieder hergestellt. Er ist begehbar und bietet einen schönen Ausblick über das mittlere Toggenburg.

In Richtung Südwesten sehen wir den Einschnitt zwischen zwei Hügeln, wohin uns die weitere Route leitet. Rund 250 Höhenmeter haben wir auf der kleinen Strasse bis nach **Oberricken** zu bewältigen, idyllisch erheben sich auf dem Weg dorthin die grünen Hänge links und rechts, wir kommen an vereinzelten Häusern und Hofläden vorbei und durchqueren zuerst **Ricken**.

Vom höchsten Punkt aus rollen wir anschliessend mit sehr schönen Weitblicken durch **Walde** und nach **Rüeterswil**, wo sich unsere Route in Richtung Nordwesten dreht. Wir erhaschen ein paar Blicke auf den nicht weit entfernten Zürichsee, das kleine **Goldingen** schmiegt sich etwas näher gelegen in eine Senke. Mit mässiger Steigung fahren wir an der östlichen Seite des **Goldinger Tals** entlang, zwischendurch lädt ein Hofladen zur Pause ein. Wir kommen an einer kleinen Kapelle vorbei und gelangen zum **Freizeitzentrum Atzmännig**, wo es einen Seilpark und eine Sommerrodelbahn gibt.

Dein Raus-Moment

Am Anfang von **Lichtensteig** kannst du einen Abstecher in die **Äulischlucht** machen. An dem kleinen Kiesstrand an der Thur lässt sich wunderbar Zeit vertrödeln: baden, das kristallklare Wasser bestaunen, das Rauschen des Wasserfalls wirken lassen.

E-Bike-Ladestationen in Goldingen: Atzmännig, Atzmännigstrasse

Über **Hintergoldingen** fahren wir auf der westlichen Talseite weiter und müssen uns nun für einen kräftigen Anstieg von etwa 350 Höhenmetern bis hinauf zur **Farneralp** wapp-

nen. Dabei fahren wir auf Feldwegen, kleinen Pfaden und kleinen Strassen. Die Weitblicke sind beeindruckend und immer wieder laden schöne Sitzgelegenheiten dazu ein, eine Pause einzulegen und die Umgebung zu geniessen.

E-Bike-Ladestationen beim Bergrestaurant Farneralp

Von der Farneralp aus geht es ein kurzes Stück zurück und hinunter nach **Hittenberg**, wo nach einer scharfen Abzweigung nach rechts schon bald der nächste Anstieg auf uns wartet. Keine Angst – dieses Mal sind es nur knapp 120 Höhenmeter, die wir schaffen müssen!

Beim Wegpunkt **Wolfsgrueb** müssen wir ein wenig aufpassen, hier kommen aus allen Richtungen Wege zusammen. Wir wählen nicht jenen, der nach links oben führt, sondern nehmen den Weg nach links unten, der sich schon nach wenigen Metern wieder verzweigt. Hier verbleiben wir rechts und gelangen so nach einem anfänglich kurzen steilen Gefälle in ein schluchtartiges Tal, in dem die Töss fliesst. Steil ragen die Nagelfluhwände auf, Wasserfälle rauschen in den Tobeln – herrlich!

E-Bike-Ladestationen beim Restaurant Hulftegg, Mühlrüti

In **Steg im Tösstal** angelangt ändert sich unsere Route wieder völlig: Die Landschaft wird erneut weiter, wir fahren auf Asphalt und Schotterwegen und kommen so in stetem Auf und Ab, teilweise auf dem wunderbaren Schnebelhorn Panoramaweg, über **Mosnang** zurück nach **Bütschwil** – mit grosser Wahrscheinlichkeit müde und sicher zufrieden nach dieser wunderbaren Tour.

Kultur	●●●●●●
Landschaft	●●●●●●
Familie	●○○○○○

Anfahrt
ÖV: Bahnhof Bütschwil
Mit dem Auto: A 1, Ausfahrt 77 (Wil), über Rickenbach und Bazenheid nach Bütschwil, der Bahnhof liegt linker Hand mitten im Ort.

Gemütlich reinsetzen
Schweizerhaus,
Wattwilerstrasse 2, Ricken
Restaurant Sonne,
Hintergoldingerstrasse 72, Goldingen
Bannholz,
Bannholzstrasse 16, Goldingen

Kartentipp
Kümmerly+Frey Velokarte 6 Zürich, 7 St. Gallen 1:60 000

Dein Raus-Moment
16

Highlights

- Weitblicke Neckertal
- unerwartete Einsamkeit auf der Säntisalp
- Churfirsten-Panorama nach Neu St. Johann

17

Von Wattwil zum Säntis

Die grosse Säntis-Tour

Warum ausgerechnet diese die Lieblingstour der Autorin ist? Ganz einfach: viel Abwechslung, umwerfende Aussichten, unerwartet einsame Gegenden und kurze Trailabschnitte für die zusätzliche Würze.

Länge	70 km
Dauer	5 Std. 30 Min.
Schwierigkeit	schwer
Technik	S0 – S1
Untergrund	65 km Asphalt, 5 km Naturbelag
Tourenart	Rundtour

Los geht's am **Bahnhof** in **Wattwil**. Um ins Neckertal zu kommen und dabei dem Verkehr zu entgehen, wählen wir die Eggstrasse und haben damit gleich eine deftige Steigung von rund 10 % zu bewältigen. Dafür werden wir oben bereits mit einer herrlichen Weite und schönen Ausblicken empfangen und haben rasch den Kirchturm von **Hemberg** und damit unser nächstes Ziel vor Augen. Von hier aus geht es rasant ins Tal hinunter, ehe unser Weg in Richtung Schwägalp/Urnäsch wieder ansteigt und wir durch eine unglaublich idyllische Landschaft fahren. Schon bald erhaschen wir auch die ersten Blicke auf den Säntis mit seiner imposant in den Himmel ragenden Nadel. Die kleine Asphaltstrasse schlängelt sich entlang der Hügel des Hochtals, bis auf vereinzelte Motorradfahrer hält sich der Verkehr in Grenzen.

Höhenlage	610 m / 1360 m
Aufstieg	1820 m
Abstieg	1820 m

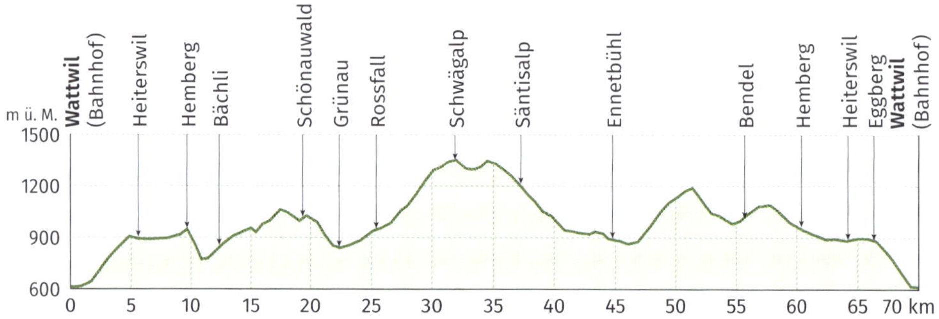

Nach dem **Biohof Schweizer** biegen wir nach rechts ab und haben nun ein kleines Abenteuer vor uns. Wer das nicht mag, verbleibt einfach auf der Strasse, die beiden Routen treffen weiter vorne wieder zusammen. In einer scharfen Rechtskehre überqueren wir den Bach (Vorsicht auf den Gegenverkehr!), dann geht es gleich links weiter auf einem Schotterweg. Entlang schöner Wiesen und teilweise im Wald folgen wir der gelben Raute, die uns nach rechts auf einen Waldpfad leitet. Nun geht es wurzelig durch den Wald, wir stossen aber schon bald wieder auf einen breiten Weg, der uns nach links zur ursprünglichen Route zurückführt. Wir rollen nach rechts hinunter, südöstlich türmen sich die Felswände des Säntis auf.

Bei **Schönau** geht es dann auch schon wieder in den Wald hinein, eine Eule weist uns den Weg. Wenn wir ihr ein zweites Mal begegnen, verbleiben wir entgegen ihrer Weisung geradeaus, Schilder informieren uns über die Baumarten des Waldes. Nach dem Wald geht es links hinunter nach Urnäsch. Von hier aus legen wir ein Stück entlang der Landstrasse zurück, die schönen Ausblicke entschädigen für den fehlenden Veloweg.

Wir gelangen in Alpgebiet, Vorsicht auf Weidevieh auf der Strasse. Der Säntis türmt sich imposant vor uns auf, wir kommen ihm immer näher. Nach der **Bushaltestelle Steinfluh** biegen wir links auf eine kleine Asphaltstrasse ein. Es geht durch schönstes Schweizer Alpgebiet, die Bäche rauschen, immer wieder eröff-

Dein Raus-Moment

Auf der kleinen Asphaltstrasse, die dich zum **Säntis** bringt, laden die teilweise grossen flachen Felsen am Ufer des rauschenden **Bachs** zu einer Rast ein. Leg doch eine Pause ein und kühle deine Füsse im kalten Gebirgswasser. Wunderbar!

nen sich unverhoffte Säntisblicke. Unser Weg durch das weitläufige Alpgebiet unterhalb des Säntis ist ein einziger Genuss.

E-Bike-Ladestationen auf der Schwägalp an der Seilbahnstation

Fast ein wenig überrascht ist man dann vom Trubel an der **Bergstation** des **Säntis**, die wir aber rasch entlang der Strasse in Richtung Wattwil/Zürich hinunter hinter uns lassen. Kurz nach der Kreuzung am **Gasthaus Passhöhe** wählen wir nach links den Panoramabike-Rundweg, der uns einsam und mit traumhaften Ausblicken über die **Säntisalp** führt, allerorten hört und sieht man Murmeltiere.

Bis **Neu St. Johann** hinunter schlagen wir noch abseits der Hauptstrasse einen Bogen über kleine idyllische Ortschaften und haben dann nach rechts in Richtung **Schlatt** hinauf eine Steigung vor uns, auf der wir unbedingt auch den Blick zurück richten sollten: Es bietet sich uns ein einmaliges Panorama, die Churfirsten inklusive.

Wunderschön entlang von Wiesen und durch Wald passieren wir **Gehren**, **Bendel** und erreichen wieder **Hemberg**. Auf dem Weg zurück nach **Wattwil** können wir auf der Strasse verbleiben, oder die bereits bekannte verkehrsärmere Eggstrasse wählen. Das zufriedene Gefühl nach Beendigung dieser langen und anstrengenden Tour ist beinahe nicht zu toppen …

Kultur	○○○○○○
Landschaft	●●●●●●
Familie	○○○○○○

Anfahrt

ÖV: Bahnhof Wattwil

Mit dem Auto: A 15, Ausfahrt 14 (Eschenbach), über St. Gallenkappel, Gebertingen und Ricken nach Wattwil und zum zentral gelegenen Bahnhof.

Gemütlich reinsetzen

Gartenwirtschaft Schönau,
Schönau 679, Urnäsch
Gasthaus Passhöhe,
Schwägalp Säntis
Bäckerei/Café-Restaurant Hörnli,
Haldenstrasse 2, Hemberg

Kartentipp

Kümmerly+Frey Velokarte 7 St. Gallen 1:60 000

Dein Raus-Moment
17

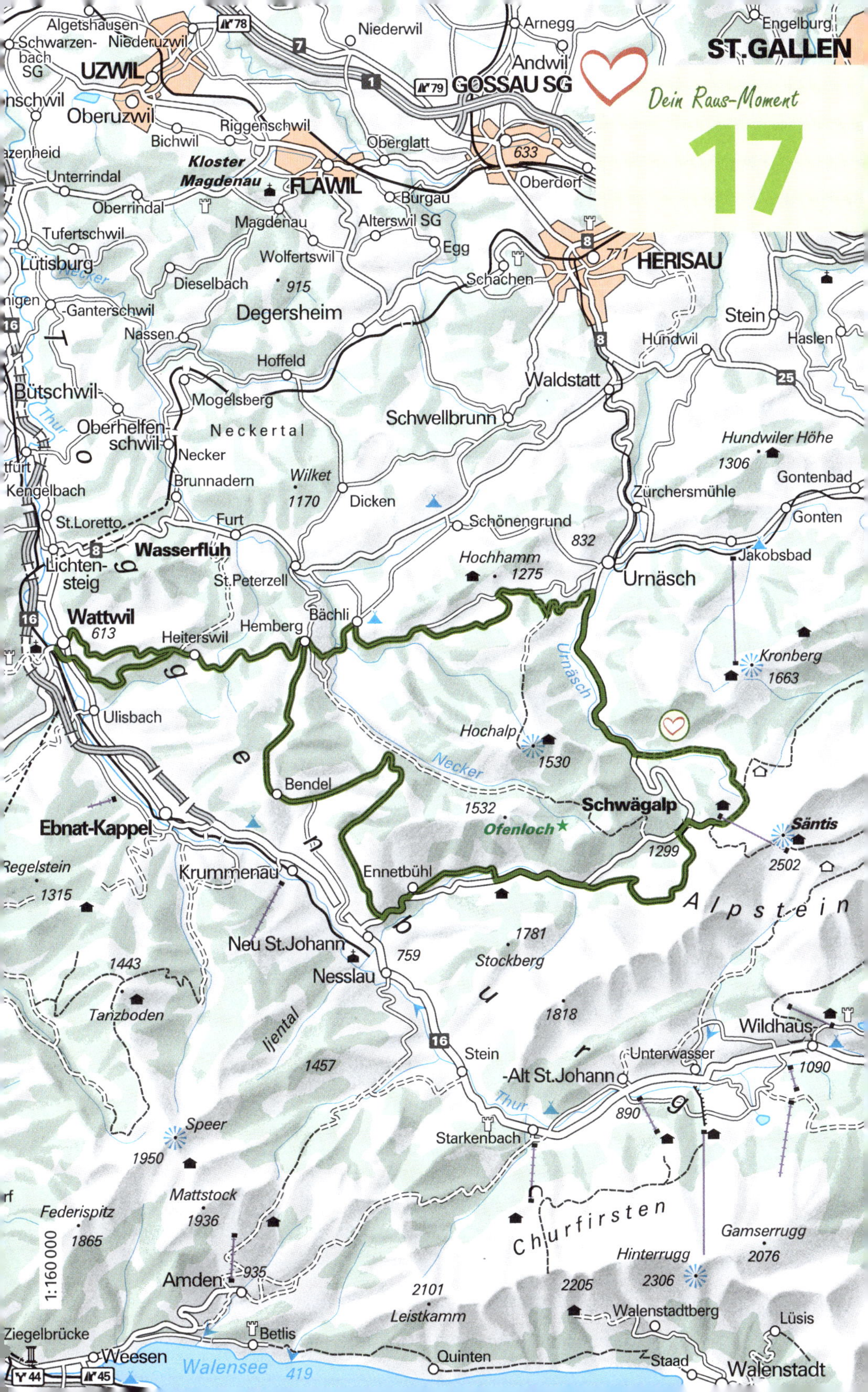

Highlights

- schmuckes Appenzell
- Appenzeller Bilderbuchlandschaft
- Schaukäserei in Stein
- Zipline-Park in Jakobsbad

18

Rund um die Hundwiler Höhi

Genusstour im Appenzellerland

In sanftem Auf und Ab geht es durch die malerische Hügellandschaft rund um Appenzell. Unterwegs laden zahlreiche Einkehrmöglichkeiten zu kulinarischen Pausen ein und geben genussreiche Einblicke in die authentische Küche dieser Region.

Länge	49 km
Dauer	3 Std. 30 Min.
Schwierigkeit	mittel
Technik	S0–S1
Untergrund	37 km Asphalt, 12 km Naturbelag
Tourenart	Rundtour

Ausgangspunkt dieser 49 Kilometer langen Velorundtour ist das Dorfzentrum von **Appenzell**. Der Ort ist mit rund 7000 Einwohnern politisches, wirtschaftliches und kulturelles Zentrum des kleinsten Schweizer Kantons Appenzell Innerrhoden. Im autofreien Ortskern liegen schmucke Gassen mit kleinen Ladengeschäften, charakteristisch sind die mit Malereien reich verzierten Häuser. Prägende Einzelbauten sind neben der Pfarrkirche das rot bemalte Rathaus, das Museum Appenzell, die spätgotische Heiligkreuzkapelle, das Schloss Appenzell und das Frauenkloster.

Höhenlage	680 m / 1000 m
Aufstieg	1070 m
Abstieg	1070 m

Von hier geht es also zunächst für ein kurzes Stück an der Sitter entlang und dann über

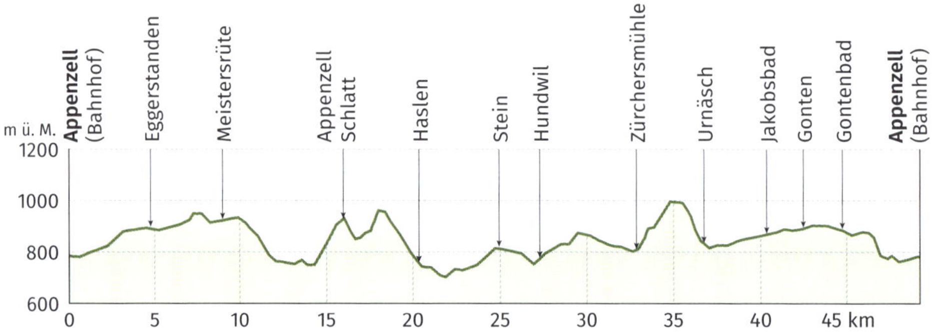

Wiesen und an malerischen Höfen vorbei nach **Eggerstanden**, wo zwei traditionelle Gasthöfe mit hervorragender Küche zu einer ersten Rast einladen. Gestärkt geht es anschliessend hinauf zum Sammelplatz, einem schönen Aussichtspunkt, der einen wunderbaren Blick über die kleinen, in die grüne Hügellandschaft eingebetteten Dörfer bietet. Nach einer kurzen Abfahrt steigt die Route wieder bergan nach **Schlatt**, auch hier geniessen wir die traumhafte Aussicht auf die klassische Appenzeller Landschaft.

Eine schöne Panoramastrasse führt über Leimensteig hinunter nach **Haslen** und von dort weiter nach **Stein**. Hier lohnt es sich, bei der Schaukäserei anzuhalten, um die hausgemachten Spezialitäten zu probieren oder sich nach Reservation vielleicht sogar selbst unter Anleitung an der Zubereitung der traditionellen Chäshörnli zu versuchen.

E-Bike-Ladestationen in Stein: Dorf 711 (Schaukäserei)

Auf der nächsten Etappe durch die Appenzeller Bilderbuchlandschaft passieren wir die beschaulichen Dörfer **Hundwil** und **Urnäsch** und gelangen schliesslich, dem mäandernden Lauf des Chronbachs folgend, nach **Jakobsbad**. Adrenalinjunkies können hier einen Stopp einplanen und den Zipline-Park erkunden: klettern in luftiger Höhe auf vielen unterschiedlichen Kletterelementen und als Höhepunkt eine der etlichen Ziplines mit

Dein Raus-Moment

Der Sitter-Zufluss Urnäsch ist rund 22 Kilometer lang und entspringt am Fusse des 2503 Meter hohen Säntis. Nahe des Friedshofs des gleichnamigen Dorfs **Urnäsch** mündet der Kronbach in den kleinen Fluss. Dieser **Zusammenfluss von Urnäsch und Kronbach** ist ein besonders idyllischer Platz, zu dem sich ein kurzer Abstecher lohnt. Stege führen über die beiden kleinen Fliessgewässer, alles ist eingebettet in sattes Grün. Tief durchatmen und den Augenblick geniessen.

einer Fluglänge von bis zu 107 Metern. Auch eine Bobbahn und Rätselwege sorgen für Abwechslung.

E-Bike-Ladestationen in Urnäsch: Dorfplatz 1, Gemeindeverwaltung

Das letzte Wegstück führt über **Gonten** und von dort in leichtem Bergab zurück nach **Appenzell** zum Ausgangspunkt. Wer noch etwas Zeit mitbringt, sollte sich einen Besuch im Appenzeller Zunfthaus nicht entgehen lassen: Sennensattler, Zinngiesserin, Kunstschreiner, Geigenbauer, Kunstschmied und Appenzeller Kulinarik sind hier unter einem Dach vereint. Im Zunfthaus wird die sowohl traditionelle als auch moderne Vielfalt des Kunsthandwerkes gezeigt. Besucher können den ausstellenden Handwerkern bei der Arbeit über die Schulter schauen und Fragen stellen.

Kultur ●●●●●●
Landschaft ●●●●●●
Familie ●●●●●●

Anfahrt

ÖV: Bahnhof Appenzell
Mit dem Auto: Von St. Gallen über die A1 kommend Ausfahrt SG-Winkeln, über Herisau und Hundwil nach Appenzell

Gemütlich reinsetzen

Landgasthaus Neues Bild,
Dorfstrasse 1, Appenzell/Eggerstanden
Appenzeller Schaukäserei,
Dorf 711, Stein
Restaurant Bären,
Dorf 34, Hundwil

Kartentipp

Kümmerly+Frey Velokarte 7 St. Gallen 1:60 000

Dein Raus-Moment

18

Highlights

- Geburtshaus von Huldrych Zwingli in Lisighaus
- Ausblicke auf Obertoggenburg und Rheintal
- Greifvogelpark Buchs

Länge	42 km
Dauer	3 Std. 30 Min.
Schwierigkeit	schwer
Technik	S0–S1
Untergrund	31 km Asphalt, 11 km Naturbelag
Tourenart	Rundtour

Von Buchs nach Wildhaus

Ölberg-Runde

Eine Tour der Kontraste: unten die Weiten der Rheinebene mit Ausblicken über Liechtenstein, oben die Hochebene des Obertoggenburg – dazu abwechslungsreiche Velowege und viele schöne Möglichkeiten für kleine Abstecher.

19

Vom barrierefreien **Bahnhof** in **Buchs** und damit der flachen Rheinebene brechen wir gleich mit einer kräftigen Steigung von bis zu 17 % zu dieser Tour auf: Über den Weiler **Forst** geht es hinauf bis zur Abzweigung Leversberg, wobei wir die grosse Strasse zum Grossteil meiden. Über eine kleinere Strasse geht es dann vorbei an **Leversberg** zu jener Stelle, an der die **Simmi** nach einer Wehranlage ein Wasserbecken bildet. Auf diesem Teil der Strecke können wir etwas Atem schöpfen, anschliessend haben wir wieder eine fordernde Steigung zu bewältigen.

Höhenlage	440 m / 1440 m
Aufstieg	1310 m
Abstieg	1310 m

Nachdem wir **Chrezibach** durchquert haben, fahren wir ein paar Meter entlang der Wild-

hauserstrasse und biegen dann in spitzem Winkel nach rechts in den Wald ab.

Der Weg führt uns zur kleinen Ansiedlung **Rüti** und dann geradeaus wieder zu einer asphaltierten Strasse. Wir halten uns im Wald links und rasch geht es über **Ebenboden** und **Schönenboden** nach **Wildhaus**. Die Ortsnamen trügen nicht: Es geht eben dahin, sogar mit leichtem Gefälle, und schön ist es obendrein. Wir befinden uns nun im Toggenburg, dem grössten Wintersportgebiet der Ostschweiz. Die Ferienorte Alt St. Johann, Unterwasser und Wildhaus liegen eingebettet zwischen dem mächtigen Säntismassiv und den sieben Churfirsten auf einer malerischen Hochebene. Wer mag, kann sich von hier aus einen kleinen Abstecher zu den Thurwasserfällen überlegen, die sich nur ca. 3.5 Kilometer weiter etwas oberhalb von Unterwasser befinden. In zehn Minuten erreicht man vom Dorfzentrum aus zu Fuss das imposante Naturspektakel, das natürlich vor allem an heissen Sommertagen eine willkommene Abkühlung bietet, aber auch an regnerischen Tagen besonders beeindruckend ist.

Unsere eigentliche Route führt uns aber nach Wildhaus kurz entlang der Hauptstrasse und bei **Lisighaus** nach links vorbei an den Sportstätten. Kleiner Tipp am Rande: Im Geburtshaus von Huldrych Zwingli erfährt man alles

Dein Raus-Moment

Der **Naturbadesee Schönenbodensee** bei **Wildhaus** liegt wunderbar umringt von Bergen und Wiesen, Schilf und Wald – der perfekte Ort zum Entspannen. Eine Rutsche führt direkt ins Wasser, du kannst Pedalos mieten oder dir im Kiosk einen kleinen Snack gönnen. Geniess es!

zur Person und dem Schaffen des Reformators. Vorbei an der **Gamsalp-Bergbahn** erklimmen wir auf naturbelassenen Wegen den höchsten Punkt dieser Tour, bei **Ölberg** auf 1440 Metern. In der Alpwirtschaft können wir getrost eine Rast einlegen und die Blicke schweifen lassen, wir geniessen dabei den atemberaubenden Blick aufs Obertoggenburg und ins Rheintal. Im Anschluss haben wir nur mehr die Abfahrt vor uns.

Mit herrlichen Weitblicken über das Rheintal gelangen wir über **Grabs** zurück zu unserem Ausgangspunkt am **Bahnhof** in **Buchs** und beenden damit eine recht anstrengende, dafür aber auch wunderschöne Tour. Wer noch Zeit mitbringt, dem sei der Besuch des Greifvogelparks in Buchs ans Herz gelegt.

E-Bike-Ladestation in Grabs: GP Bikes, Quaderstrasse 34

Kultur	●●●●●●
Landschaft	●●●●●●
Familie	●●●○○○

Anfahrt

ÖV: Bahnhof Buchs

Mit dem Auto: A 13, Ausfahrt 8 (Buchs); der Bahnhof liegt direkt nach der Autobahnabfahrt.

Gemütlich reinsetzen

Marco&Marghe Pizza,
Hinderbergstrasse 10, Gams
Hotel Restaurant Alpstein,
Hof 7, Wildhaus
Bäckerei-Konditorei Café Schweizer,
Hauptstrasse 116, Wildhaus

Kartentipp

Kümmerly+Frey Velokarte 7 St. Gallen 1:60 000

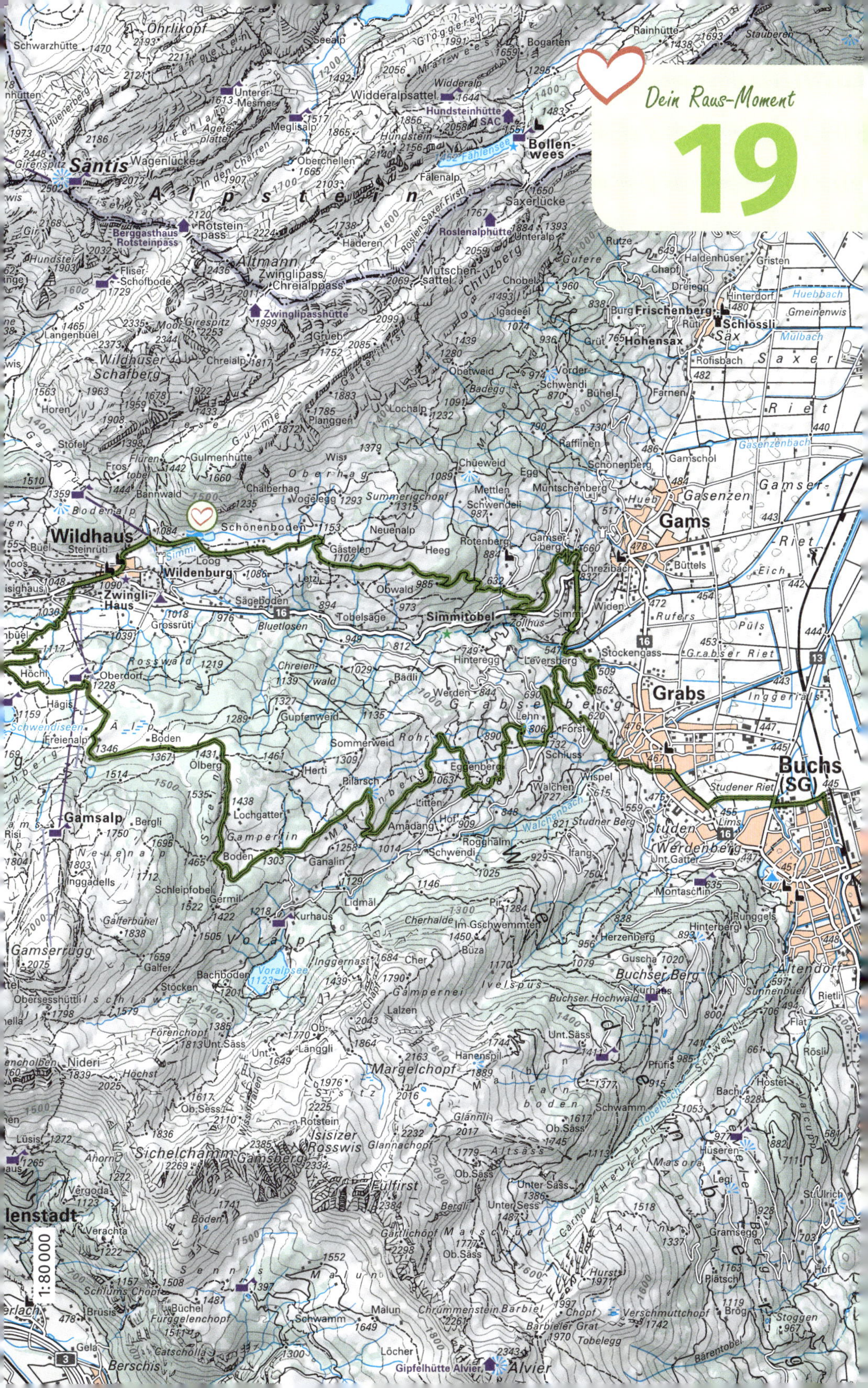
Dein Raus-Moment
19
Säntis
Alpstein
Wildhaus
Wildenburg
Zwingli-Haus
Simmitobel
Gams
Grabs
Buchs (SG)
Werdenberg
Gamsalp
Voralpsee
Margelchopf
Sichelchamm
Gamsberg
Alvier
Gipfelhütte Alvier
Walensee
Schönenboden
Frischenberg
Hohensax
Schlössli Sax
Gasenzen
Studen
Grabserberg
Hundsteinhütte SAC
Fählensee
Bollenwees
Zwinglipasshütte
Berggasthaus Rotsteinpass
Roslenalphütte
Kurhaus
1:80 000

Highlights

- sehr abwechslungsreiche Wege, teilweise etwas herausfordernd
- körperliches Auspowern
- wunderschöne Strecke entlang des Walensees

Länge	97 km
Dauer	7 Std. 30 Min.
Schwierigkeit	schwer
Technik	S0 – S1
Untergrund	68 km Asphalt, 29 km Naturbelag
Tourenart	Rundtour

Von Sevelen über die Alp Sellamatt und über den Walensee retour

Rund um die Churfirsten

20

Eine der längsten und anstrengsten Touren in diesem Buch, dafür allerdings wirklich lohnenswert: beeindruckende Natur, abwechslungsreiche Wege und als Draufgabe das unbezahlbare Gefühl von Zufriedenheit und Stolz nach der Tour.

Auf dieser Tour umrunden wir die Churfirsten und fahren die gesamte Südseite des Walensees entlang – an landschaftlicher Abwechslung ist diese Strecke kaum zu überbieten.

Höhenlage	420 m / 1540 m
Aufstieg	2410 m
Abstieg	2410 m

Los geht's am barrierefreien Bahnhof von **Sevelen**, das Gelände wird schnell bergig: Bis zum **Buchserberg** sind über 600 Höhenmeter zu bewältigen, stellenweise im Schwierigkeitsgrad S1. In stetem Bergauf und Bergab fahren wir grossteils auf Schotterwegen mitten in der Natur weiter zum idyllisch gelegenen **Voralpsee**, den wir im Uhrzeigersinn umrunden. Anschliessen gelangen wir mit einer Abkür-

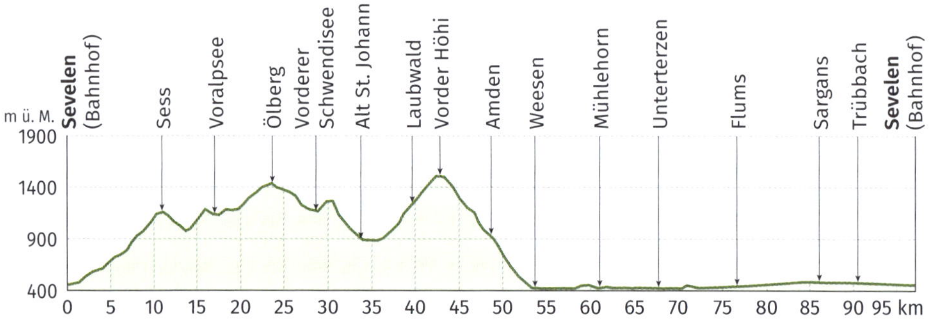

zung nach links über die Wiesen hinauf zum **Kurhaus Voralp**, wo wir einkehren können.

Die Möglichkeit für eine Stärkung sollten wir nutzen, geht es doch anschliessend erneut 300 Höhenmeter auf Schotterwegen zum **Ölberg** hinauf. Dafür werden wir anschliessend mit einer Abfahrt über **Oberdorf** und **Schwendi** nach **Unterwasser** belohnt, wo Säntisthur und Wildhauser Thur zusammenfliessen.

Unser Weg führt uns nach dem Zusammenfluss an die Thur, der wir nun für einige Kilometer folgen. Dabei haben wir stets die markanten Churfirsten im Blick. Während die relativ jungen Kalksteinerhebungen im Süden beinahe senkrecht zum Walensee hin abfallen, laufen sie hier im Norden zur Alp Sellamatt hin etwas sanfter aus, sind aber auch aus dieser Perspektive nicht weniger imposant: Wie der Rücken eines Drachen ziehen sie sich dahin. Die Herkunft der Bezeichnung „Churfirsten" ist übrigens umstritten. Eine Erklärung bezieht sich auf die Defintion „gegen Chur/Churrätien liegende Firste (Dachgiebel, Berge, Gipfel)". Ebenfalls in Umlauf ist der Erklärungsversuch, wonach sich der Name auf die sieben Kurfürsten des Heiligen Römisch-Deutschen Reiches beziehe.

Dein Raus-Moment

Bei der Auffahrt vom Voralpsee zum **Ölberg** kommt man an einer ausgesprochen schön gelegenen **Rastbank** vorbei, die umwerfende Blicke auf die Churfirsten bietet. Den zweithöchsten Punkt dieser Tour haben wir beinahe erreicht, die Rast ist also wohlverdient und hochwillkommen.

Wir werden dieses Rätsel heute wohl nicht lösen können und wappnen uns daher für den nächsten schweren Anstieg ab Starkenbach: Bis zur **Vorder Höhi** sind erneut mehr als 600 Höhenmeter zu bewältigen, der Weg ist nun allerdings grossteils betoniert oder asphaltiert. Damit haben wir aber wirklich endlich den höchsten Punkt der Tour erreicht, ab jetzt geht es nur mehr bergab und eben dahin – versprochen!

Das Gefälle über **Amden** zum Walensee nach **Weesen** ist nicht zu unterschätzen. Wer aus der Tour aussteigen möchte, kann von hier aus den Zug zurück nach Sevelen nehmen.

E-Bike-Ladestation in Weesen: Park am See

Allerdings wäre das schade, denn die folgende Strecke am **Südufer des Walensees** entlang ist sehr lohnenswert: Uns erwartet entspanntes Fahren mit wunderbaren Ausblicken auf den See und die im Norden aufragenden Churfirsten.

E-Bike-Ladestationen in Walenstadt: Strandlokal neptun, Kasernenstrasse

Schliesslich erreichen wir nach rund 40 flachen Kilometern Wegstrecke über **Walenstadt** und **Sargans** müde, aber glücklich wieder unseren Ausgangspunkt in **Sevelen**.

Kultur	○○○○○○
Landschaft	●●●●●●
Familie	○○○○○○

Anfahrt

ÖV: Bahnhof Sevelen

Mit dem Auto: A 13, Ausfahrt 9 (Sevelen)

Gemütlich reinsetzen

Restaurant Hölzig Alvier, Buchserbergstrasse 1970, Buchs

Grillhuesli Voralpsee, Voralpsee, Grabs

Berggasthaus Voralp, Grabs

Oberguet-Stübli, Unterwasser

Trattoria Walensee, Hauptstrasse 27, Weesen

Kartentipp

Kümmerly+Frey Velokarte 7 St. Gallen, 13 Sarganserland 1:60 000

Dein Raus-Moment

20

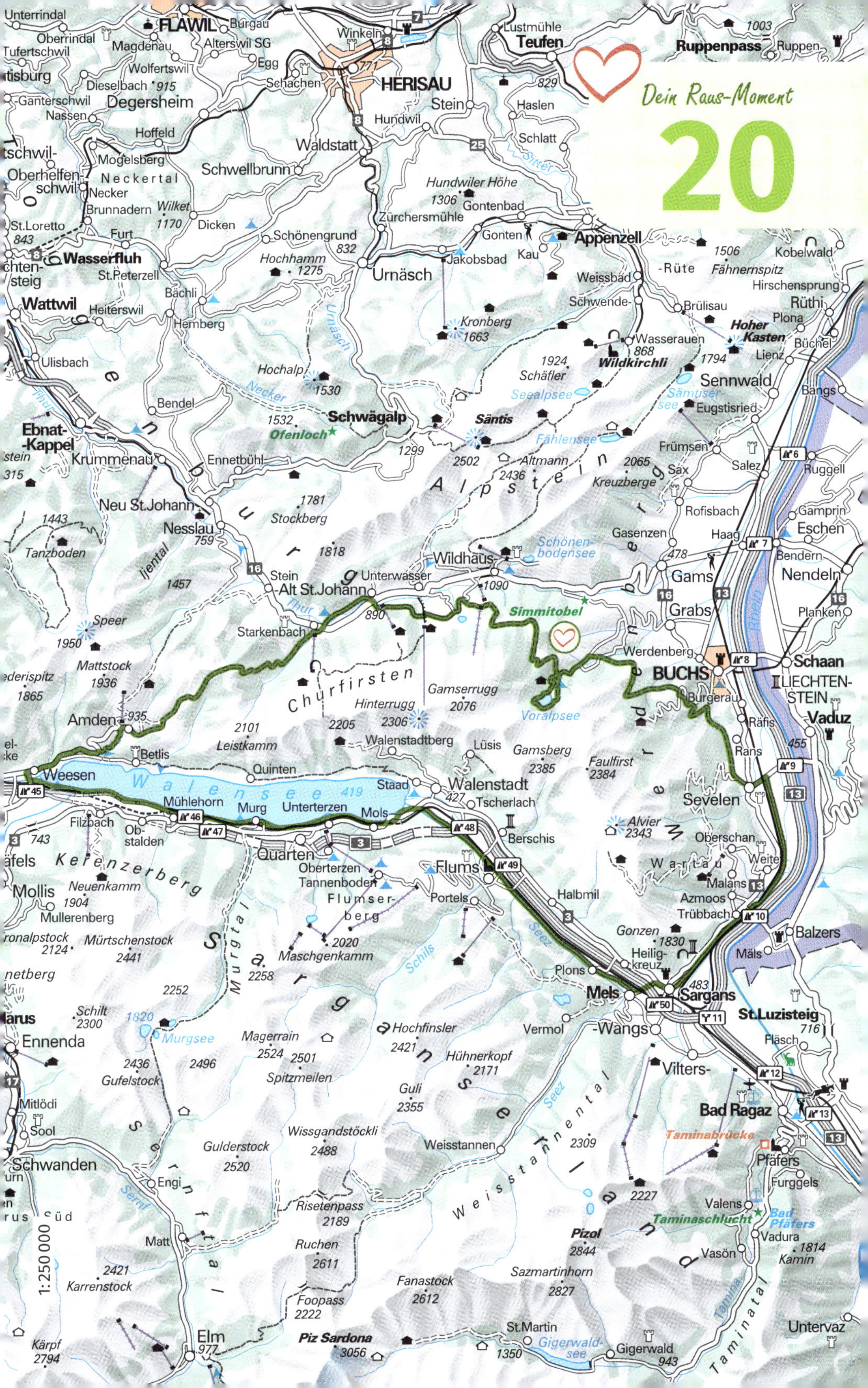

Highlights

- Kapelle St. Jakob
- mögliche Trail-Alternativen am Flumserberg
- südliches Flair in Walenstadt

21

Unterterzen – Flumserberg

Churfirsten-Panorama vom Flumserberg

Imposant erheben sich die steilen Wände der Churfirsten am Ufer des Walensees. Diese Tour steigt auf der gegenüberliegenden Seeseite hoch hinauf und eröffnet beeindruckende Ausblicke auf sie.

Länge	32 km
Dauer	3 Std.
Schwierigkeit	mittel
Technik	S0 – S1
Untergrund	18 km Asphalt, 14 km Naturbelag
Tourenart	Rundtour

Alle erdenklichen Möglichkeiten, die Freizeit zu verbringen, bietet der Flumserberg: Wandern, Klettern, Sommerrodeln, Gleitschirm fliegen, Minigolfen und natürlich Biken. Das gesamte Gebiet ist dabei bestens durch Liftanlagen erschlossen, zahlreiche Einkehrmöglichkeiten sind vorhanden. Auf einer Länge von 13 Kilometern wurden einfache und mittelschwere Bike-Trails angelegt, mit denen man der hier vorgestellten Tour noch eine zusätzliche Würze verleihen könnte.

Höhenlage	420 m / 1220 m
Aufstieg	1110 m
Abstieg	1110 m

Eigentlich sind sie aber nicht Teil unserer Tour. Wir wollen es uns aber auch nicht zu leicht machen, sondern unserer Kondition et-

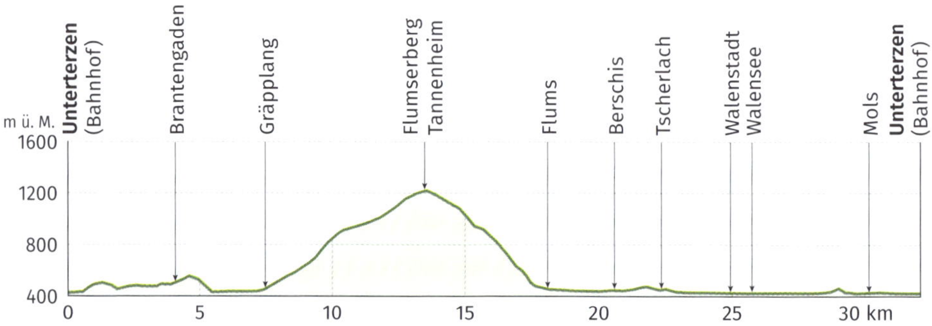

was Gutes tun, deshalb nehmen wir von **Unterterzen** aus nicht die Seilbahn hinauf zum Flumserberg, sondern beginnen vom barrierefreien **Bahnhof** weg in die Pedale zu treten. Wir überqueren die Autobahn und gelangen rasch in den Wald. An der **Seez** halten wir uns rechts und fahren unterhalb der **Burgruine Gräpplang** entlang. Tief durchatmen, nun beginnt die Steigung.

In einer Rechtskehre kommen wir an der **Kapelle St. Jakob** vorbei, einer der ältesten im Sarganserland. Das Rundbogenfenster mit der Madonna von Flums stammt aus dem 12. Jahrhundert und ist damit das älteste Glasgemälde der Schweiz. Zu sehen ist heute eine Kopie davon, das Original wird seit 1889 im Landesmuseum in Zürich aufbewahrt. Kurz darauf gelangen wir in den Wald und müssen Acht geben, dass wir unsere Abzweigung nicht verpassen – in spitzem Winkel geht es nach links ab. Auf dem schönen Weg durch den Wald hinauf sparen wir uns etliche Kurven der Asphaltstrasse, auf die wir knapp unterhalb von **Höfli** wieder treffen.

Nach der kleinen Siedlung biegen wir rechts ab, halten uns in der Rechtskehre geradeaus und queren den **Tobelbach**. Eine letzte Anstrengung und wir gelangen in **Tannenheim** zum höchsten Punkt dieser Tour. Eine Rast haben wir uns nun mehr als verdient und sollten sie aufgrund des umwerfenden Panoramas auch ausgiebig geniessen. In nördlicher Blickrichtung reihen sich die Churfirsten vor uns auf. Die Gipfel der rund 10 Kilometer langen Bergkette sind zwischen 2200 und 2300 Meter hoch, zum Walensee fallen die Wände mehrere 100 Meter beinahe senkrecht hinab. Man kommt aus dem Schauen kaum heraus, so imposant ist das Spektakel, das uns die Natur hier bietet.

Dein Raus-Moment

Hoch über Flums thront die **Burgruine Gräpplang** auf einem Felsen. Das Innere der Burg wurde mit Treppen und Stegen ergänzt und so Besuchern zugänglich gemacht. So kannst du das mittelalterliche Gemäuer erkunden, die Aussicht und die Atmosphäre geniessen. Auch eine Feuerstelle verleitet dazu, den Aufenthalt etwas zu verlängern.

E-Bike-Ladestation Tannenbodenalp: Hotel Tannenboden, Flumserbergstrasse 184

Nach einer ausgiebigen Rast machen wir uns dann an die Abfahrt hinunter nach **Flums**. Kurz folgen wir dafür der Bergstrasse und biegen gleich nach der Linkskehre und einem Gebäude linker Hand nach rechts in die Wiesen ab. Über Stock und Stein geht es hinunter in den Ort, das letzte Stück führt über einen alten Weg mit grossen verlegten Steinen. Im Zweifelsfall lieber absteigen und das Velo schieben.

Dann haben wir es aber geschafft, die restlichen 14 Kilometer der Tour gehen eben dahin. Wir überqueren die Autobahn und gelangen über **Berschis** und **Tscherlach** nach **Walenstadt**.

E-Bike-Ladestationen in Walenstadt: Strandlokal neptun, Kasernenstrasse

Auf unserem Weg zurück entlang des Ufers des Walensees präsentieren sich uns die Churfirsten aus einer anderen Perspektive, die nicht minder eindrücklich ist. Mit diesen schönen Impressionen beenden wir unsere Tour wieder am **Bahnhof** in **Unterterzen**.

Kultur	●●●●●○
Landschaft	●●●●●●
Familie	●●●○○○

Anfahrt

ÖV: Bahnhof Unterterzen

Mit dem Auto: A 3, Ausfahrt 48 (Walenstadt), am südlichen Ufer des Walensees entlang über Quarten nach Unterterzen.

Gemütlich reinsetzen

Sonderbar,
Flumserbergstrasse 151, Flums

Café Bucher,
Eisenherren-Strasse 14, Flums

Promenade Walenstadt,
Seestrasse 101, Walenstadt

Kartentipp

Kümmerly+Frey Velokarte 13 Sarganserland 1:60 000

Dein Raus-Moment
21
Walensee
Walenstadt
Chäserrugg
Hinderrugg
Schibenstoll
Zuestoll
Brisi
Frümsel
Selun
Tschingla
Paxmal
Rugg
Schrina
Grund
Hintere Wisen
Berschis
Tscherlach
St.Georgen
Gräpplang
Flums
Flumserberg
Tannenbodenalp
Tannenheim
Prodalp
Prodkamm
Maschgenkamm
Schönhalden
Wildenberg
Oberterzen
Mols
Unterterzen
Seez
Fürscht
Sennhof
Am See
Schnittlauchinsel
Ziegelhütte
Bommerstein
Stornen
St.Jakob
Bergheim
Buebenberg
Vadella
Fäsch
Haggen
Schwiguflen
CLiiMBER
Tobelbach
Schils
Panüöl
Chruz
Obersäss
Gsus
Kurhaus
Vergoda
Lüsis
1:60 000

Highlights

- Schloss Sargans
- Gonzen-Eisenbergwerk
- lebhaftes Bad Ragaz
- Taminabrücke
- Uferstrecke am Rhein

22

Sargans – St. Margrethenberg

Durch die Taminaschlucht

Besonders schöne Tour für heisse Sommertage mit angenehmer Kühle entlang der Taminaschlucht, schönen Weitblicken von St. Margrethenberg und zum Abschluss entlang des Rheins.

Länge	43 km
Dauer	3 Std.
Schwierigkeit	mittel
Technik	S0
Untergrund	37 km Asphalt, 6 km Naturbelag
Tourenart	Rundtour

Unterhalb der **Gonzenwand** thront **Schloss Sargans** über dem gleichnamigen Ort, der idyllisch eingebettet zwischen Weinbergen liegt. Das im 900 Jahre alten Turm des Schlosses untergebrachte Museum wurde 1987 in die Liste der 37 besuchenswertesten Museen der Welt aufgenommen. Das können wir uns also fast nicht entgehen lassen, oder? In der interaktiven Ausstellung erfahren wir Interessantes zur Geschichte der Region und dem hier ausgeübten Handwerk, das Gonzenbergwerk sowie die bäuerliche Arbeit

Höhenlage	480 m / 1410 m
Aufstieg	1020 m
Abstieg	1020 m

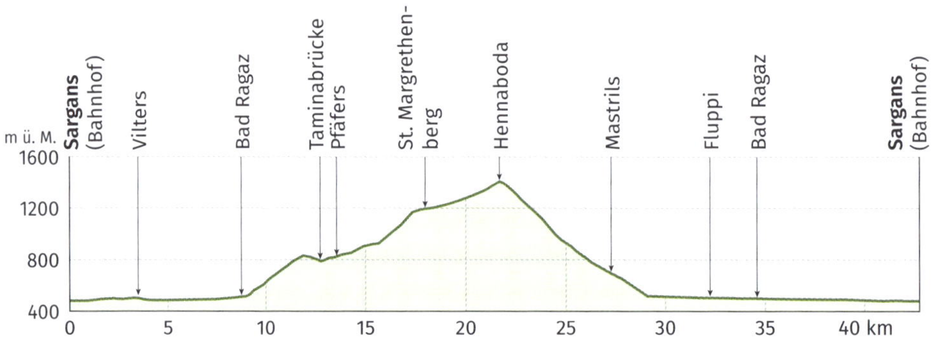

und das Alpwesen rund um das Sarganserland. Ebenfalls zu empfehlen ist ein Besuch im Gonzen-Eisenbergwerk, das ein Bild von der Arbeit der einstigen Knappen vermittelt (nach telefonischer Voranmeldung).

Unsere Mission ist aber natürlich eigentlich eine andere: Los geht's am **Bahnhof** in **Sargans**. Wer von einem barrierefreien Bahnhof aus starten möchte, nimmt jenen in **Sevelen** (Entfernung: 11 Kilometer). Wir fahren nach **Bad Ragaz**, das nicht nur ein beliebter Kurort ist, sondern auch eine quirlige Gemeinde, in der man an allen Ecken und Enden auf Kunstwerke und Wasserspiele trifft.

E-Bike-Ladestationen in Bad Ragaz: Hans-Albrecht-Strasse

Dein Raus-Moment

Beim Verlassen des Waldes, durch den uns die **alte Strasse entlang der Taminaschlucht** führt, befinden wir uns bereits ein paar Höhenmeter über der imposanten **Taminabrücke**. Nutz doch die **Rastbank** hier, um nach den zurückgelegten Höhenmetern ein wenig zu verschnaufen und das grösste Bogentragwerk der Schweiz zu bewundern. In 200 Metern Höhe überspannt die Brücke die Taminaschlucht, 14 000 Kubikmeter Beton wurden hier verbaut – eine beeindruckende Ingenieursleistung.

Vom Ortskern aus sieht man bereits den Eingang zur **Taminaschlucht**, aus der das Heilwasser in den Ort gelangt. Die Schlucht selbst ist für Velofahrer leider gesperrt, es gibt allerdings eine nicht minder attraktive Alternative: Die Valenserstrasse führt uns aus Bad Ragaz hinaus. Wir gewinnen rasch an Höhe und erhaschen dabei noch schöne Blicke über den Ort. Diese alte **Taminaschlucht-Strasse** ist für den Autoverkehr gesperrt und weist Belagsschäden auf, was unseren Fahrradgenuss aber in keinster Weise trübt, der vor allem im Sommer wundervoll ist – die wenigen Sonnenstrahlen, die sich in die Schlucht

verirren, bleiben in den Baumwipfeln hängen. Im Schatten ist es wohltuend kühl, das Rascheln der Bäume und das Rauschen des Bachs linker Hand verstärken dieses angenehme Gefühl der Frische noch. Wir passieren die St.-Anna-Kapelle und später eine kleine Mariengrotte. Kurz vor dem Ende der Schlucht sehen wir bereits die imposante **Taminabrücke** zwischen den Bäumen hervorblitzen, die wir kurz darauf überqueren und so nach **Pfäfers** gelangen.

Von hier aus geht es ein Stück weit ins **Taminatal** hinein, bis in scharfem Winkel nach links die Abzweigung in Richtung **St. Margrethenberg** kommt. Eine kräftezehrende Steigung bringt uns hinauf in das Hochtal, das im Winter bei Ski- und Langläufern beliebt ist, das ganze Jahr über aber wunderbare Aus- und Weitblicke zu bieten hat.

Rund 900 Höhenmeter an Abfahrt hinunter nach **Mastrils** haben wir nun vor uns, teils wird es dabei mit rund 20 % Steigung recht anspruchsvoll. Dafür sind wir aber dann unten am **Rhein** angelangt und es geht nur mehr eben dahin. Die hier vorgestellte Runde führt uns dafür entlang der Strasse nach **Bad Ragaz**. Wir können alternativ allerdings auch den naturbelassenen Weg direkt entlang des **Rheinufers** wählen. Er führt uns teilweise auf Schotter, teils auf Asphalt zurück zum **Bahnhof** in **Sargans**.

Kultur	●●●●●●
Landschaft	●●●●●●
Familie	●●●●○○

Anfahrt

ÖV: Bahnhof Sargans

Mit dem Auto: A3, Ausfahrt 50 (Sargans), nach Überquerung der Bahntrasse rechts zum Bahnhof.

Gemütlich reinsetzen

Gasthof Löwen,
Löwenstrasse 5, Bad Ragaz

Restaurant Sagastübli,
Postplatz 4, Pfäfers

Buura-Beizli,
Höf 1, Pfäfers

Kartentipp

Kümmerly+Frey Velokarte 13 Sarganserland 1:60 000

Dein Raus-Moment

22

Highlights

- Weg entlang des Mapraggsees
- abenteuerliche Tunnelstrecke entlang des Gigerwaldsees
- Bergpanorama im Calfeisental
- Tektonikarena Sardona

Länge	52 km
Dauer	4 Std.
Schwierigkeit	schwer
Technik	S0–S1
Untergrund	45 km Asphalt, 7 km Naturbelag
Tourenart	Rundtour

Bad Ragaz – Stausee St. Martin

Ins Schutzgebiet Calfeisental

23

Eine Tour mit vielen Highlights: Es geht durch das Taminatal und ins geschützte Calfeisental hinein entlang des Gigerwaldsees. Der Weg führt dabei teilweise durch abenteuerliche Tunnel, das Bergpanorama ist umwerfend.

Der Startpunkt dieser Tour liegt am Bahnhof in **Bad Ragaz** (barrierefreie Alternativ-Bahnhöfe: Landquart/9 Kilometer, Sevelen/16 Kilometer). Vom lebhaften Kurort aus treten wir auf der Strasse hinauf nach Pfäfers und erreichen die kleine Gemeinde direkt unterhalb der ehemaligen Benediktinerabtei, wo heute eine Klinik untergebracht ist. Mit der **Taminabrücke** queren wir auf die andere Talseite, halten uns links und gelangen rasch nach **Valens**. Hier steht eine grosse Rehaklinik, im Anschluss wird die Strasse schmaler

Höhenlage	500 m / 1380 m
Aufstieg	1360 m
Abstieg	1360 m

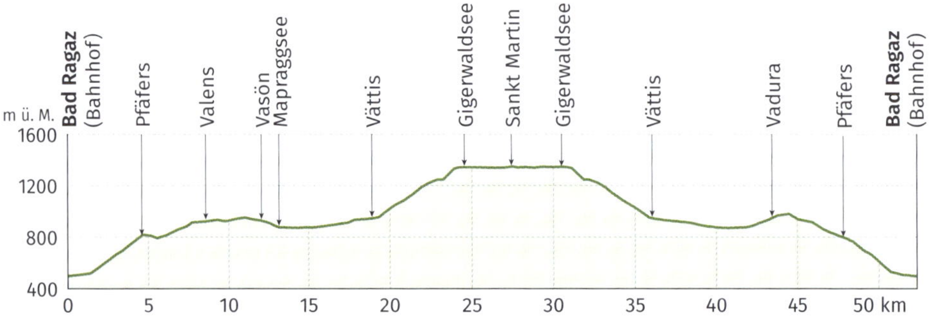

und der Verkehr weniger. Wir halten uns immer in Richtung Vättis.

Schon bald kommt mit einer Staumauer unser nächstes Ziel ins Blickfeld. Die ohnehin bereits steilen Wiesen- und Waldhänge werden noch steiler, die Umgebung wird alpiner und die Berge rücken immer näher, rechts grüsst der 2844 Meter hohe Pizol. Vor der **Tschennerbrücke** halten wir uns rechts und fahren auf einem Schotterweg weiter. Die steilen Wände des Tals und die herabschiessenden Wassermassen sind beeindruckend, es tropft und gurgelt und rauscht. Auf einer kleinen Bogenbrücke überqueren wir die Schlucht und sehen talauswärts die Tschennerbrücke in ihrer ganzen Pracht, deren anderes Ende wir auch rasch wieder erreichen und der ruhigen Strasse weiter taleinwärts folgen.

Wir passieren das kleine **Vasön** mit einem Dorfbrunnen und einer kleinen Kirche und rollen hinunter zur Staumauer des **Mapraggsees**. Auf Schotter geht es entlang des Sees. Wir queren ein kleines Rinnsal, der Weg verengt sich kurz zu einem breiten Steig und dann bringt uns auch schon eine kleine Brücke auf die andere Talseite. Oben an der Strasse angelangt geht es dann wieder einfacher weiter: Wir fahren durch zwei kurze Tunnel und idyllisch entlang eines Bachs und von Wiesen, links erheben sich imposant Rossfallenspitz und Haldensteiner Calanda.

E-Bike-Ladestationen in Vättis: Hotel Restaurant Tamina, Platz 11

In **Vättis** angekommen sind wir schon mitten in der Region des **UNESCO Welterbes Tektonikarena Sardona**. Wir folgen dem Wegweiser Calfeisental/St. Martin/Gigerwald, unter uns rauscht die noch junge Tamina. Der

Dein Raus-Moment

Wenn wir kurz vor der **Tschennerbrücke** rechts abbiegen und dann mit der kleinen Bogenbrücke die Schlucht überqueren, sollten wir unbedingt eine kurze Pause einlegen und einen Tiefblick wagen: Der **Zanaibach** hat sich hier tief in den Fels gegraben, das Wasser scheint von allen Seiten zu kommen – beeindruckend!

Weg hinauf zur Staumauer des Gigerwaldsees führt durch Galerien. Die Durchfahrtszeiten sind zeitlich gestaffelt, Tafeln informieren genauer dazu. Es geht direkt an der Sohle der Staumauer vorbei hinauf zum Stausee. Die

Strasse entlang seines Ufers führt immer wieder durch (auch unbeleuchtete) Tunnel, Achtung auf gelegentlichen Gegenverkehr und eventuell schlecht sichtbare Wanderer – wer ein Licht am Velo oder eine Stirnlampe dabei hat, sollte das nutzen. So geht es abwechslungsreich und mit schönen Ausblicken ans Ende des Sees nach **St. Martin**, dem Wendepunkt der Tour.

E-Bike-Ladestationen in St. Martin: Restaurant St. Martin

Der Rückweg verläuft bis zum **Mapraggsee** hinunter beinahe gleich wie der Hinweg. Auf der anderen Seite des Taminatals gelangen wir zurück nach **Pfäfers** und nun an der westlichen Seite des Orts hinunter nach **Bad Ragaz** und damit unserem Ausgangspunkt.

Kultur	●●●●○○
Landschaft	●●●●●●
Familie	●●●●●○

Anfahrt

ÖV: Bahnhof Bad Ragaz

Mit dem Auto: A 13, Ausfahrt 12 (Bad Ragaz), links auf der Industriestrasse und nach der Bahnunterführung links zum Bahnhof.

Gemütlich reinsetzen

Restaurant Sagastübli, Postplatz 4, Pfäfers

Hotel Restaurant Tamina, Platz 11, Vättis

Berggasthaus Gigerwald, Vättis

Alpwirtschaft St. Martin, Sankt Martin im Calfeisental, Vättis

Kartentipp

Kümmerly+Frey Velokarte 13 Sarganserland 1:60 000

Dein Raus-Moment

23

Highlights

- imposante Bergwelt im hinteren Teil des Tals
- Strick-Holzbauten in Elm
- Martinsloch

24

Von Schwanden nach Elm

Durch das Sernftal

Inmitten der Bergkulisse der Glarner Gipfel geht es durch das Sernftal, das alles zu bieten hat, was wir uns von diesem Teil der Schweiz erwarten: ein typisches Tal mit alten Siedlungen und viel Natur.

Länge	37 km
Dauer	3 Std.
Schwierigkeit	mittel
Technik	S0
Untergrund	18 km Asphalt, 19 km Naturbelag
Tourenart	Rundtour

Das Tal, durch das wir bei dieser Tour fahren, ist nach dem Fluss benannt, der es durchfliesst: Der Sernf ist rund 19 Kilometer lang und mündet bei Schwanden in die Linth. Von den Einheimischen wird das Sernftal auch Chlytal genannt, im hinteren Teil wird es vom 2794 Meter hohen Kärpf (der Name stammt aus dem Romanischen: „Crap" bedeutet „Stein") dominiert. Rund um diesen imposanten Felsriesen erstreckt sich das älteste Jagdbanngebiet Europas, das bereits 1548 seine erste schriftliche Erwähnung fand. Der

Höhenlage	520 m / 1180 m
Aufstieg	1000 m
Abstieg	1000 m

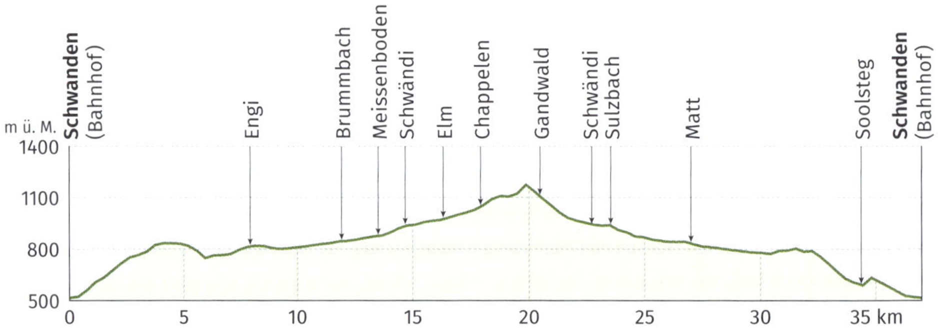

Schutz des Wilds spiegelt sich heute in einem grossen Artenreichtum wieder: Rehe, Gämsen, Rothirsche, Alpensteinböcke, Murmeltiere, Steinadler, Birkhühner, Schneehasen, Alpenschneehühner und Bartgeier haben sich in der Region angesiedelt.

Ob wir eines der Tiere auf unserer Tour zu Gesicht bekommen, wird sich zeigen. In jedem Fall starten wir am barrierefreien **Bahnhof** in **Schwanden** und fahren gleich recht steil nach **Sool** hinauf. Die Strassen sind eng, der Verkehr dementsprechend gering. Im Wald fahren wir auf einem Schotterweg ins Tal hinein, rechts unter uns verläuft die Strasse. Laufend queren wir kleine Bäche und Rinnsale, Unmengen an Wasser suchen sich ihren Weg von den Berghängen hinunter ins Tal, um sich im Sernf zu sammeln.

Vor dem Dorf Engi können wir entweder mit zwei Serpentinen hinunter auf die Kantonsstrasse wechseln und ihr bis zum Ort folgen, oder wir verbleiben bis zur Strasse auf dem kleinen, aber nicht sonderlich schwierigen Steig. Durch **Engi** schlagen wir einen Bogen und können dabei die teilweise alten Häuser bewundern, ehe wir nach dem Ort auf die andere Seite des Sernf wechseln. Wunderschön geht es entlang von Wiesen und Feldern, das

Dein Raus-Moment

Kurz bevor du nach Engi auf die andere Seite des Sernf wechselst, kommst du am **Landesplattenberg Engi** vorbei. Hier lässt sich eine wirklich beeindruckende Bergwerkstour buchen, die nicht nur interessante Infos zum Schiefer und dessen Abbau liefert, sondern auf Treppen tief ins Innere des Bergs führt. Der Fels ist dabei lichttechnisch in Szene gesetzt – ein mystisches Erlebnis!

Tal ist nicht allzu breit und zu beiden Seiten streben die steilen Hänge und Wände nach oben. Bis auf 3000 Meter Höhe reichen die Berge.

Linker Hand zieht der Ort **Matt** an uns vorüber, von dem aus eine Luftseilbahn hinauf zu einer Streusiedlung führt, die bereits in der Walser Zeit bestand. Mehrmals wechseln wir nun die Bachseite und gelangen so nach **Elm**, das mit seinen unter Denkmalschutz stehenden Strick-Holzbauten und einem weiten Talkessel beeindruckt. Umringt wird die Szenerie vom Piz Sardona, dem Piz Segnas und der bizarren Gipfelreihe der Tschingelhörner mit dem etwa 9 mal 16 Meter grossen **Martinsloch** auf 2600 Metern Höhe. Zweimal im Jahr scheint die Sonne für zweieinhalb Minuten genau durch dieses Loch auf den Kirchturm von Elm. Hier wurde übrigens auch Vreni Schneider geboren, die in den 1980er und 1990er Jahren eine äusserst erfolgreiche alpine Skifahrerin war.

E-Bike-Ladestationen in Elm:
Vreni Schneider Sport, Dorf 45
Hotel Bergführer Elm, Chappelen 3

Nach dem Hotel Bergführer halten wir uns rechts, fahren noch ein Stück bergauf und dann haben wir die Steigung geschafft: Nun geht es auf unserem gesamten Rückweg eigentlich nur mehr bergab. Dabei halten wir uns die meiste Zeit auf jener Seite des Sernf, die wir noch nicht kennen. Lange Abschnitte fahren wir direkt am Flussufer entlang und können das wundervolle Bergpanorama geniessen. Zurück am **Bahnhof** in **Schwanden** beschliessen wir diese Tour mit bleibenden Eindrücken dieses Glarus-Tals.

Kultur	●●○○○○
Landschaft	●●●●●○
Familie	●●●●●●

Anfahrt
ÖV: Bahnhof Schwanden
Mit dem Auto: A 3, Ausfahrt 44 (Niederungen), über Glarus Nord, Netstal und Glarus nach Schwanden, am Ortseingang links über den Fluss und damit direkt zum Bahnhof.

Gemütlich reinsetzen
Glarner Feingebäck,
Sernftalstrasse 92, Engi
Restaurant HängeMatt,
Alte Strasse 23, Matt
Suworow-Cheller, Elm

Kartentipp
Kümmerly+Frey Velokarte 13 Sarganserland 1:60 000

Dein Raus-Moment

24

Highlights

- Schabziger Fabrik in Glarus
- schöne Stellen am Ufer des Klöntalersees
- Bergpanorama am Pragelpass
- beeindruckender Rhodannen-Staudammm

Länge	46 km
Dauer	4 Std.
Schwierigkeit	schwer
Technik	S0–S1
Untergrund	44 km Asphalt, 2 km Naturbelag
Tourenart	Rundtour

Glarus – Klöntalersee – Pragelpass

Das Klöntal in seiner gesamten Länge

In landschaftlicher Hinsicht eine Top-Tour, für die man allerdings genug Kraft in den Beinen mitbringen sollte. Belohnt wird man dafür mit viel Abwechslung, schönen Ausblicken und Zufriedenheit am Ende.

25

Glarus ist der kleinste Kantonshauptort der Schweiz und hat knapp 13 000 Einwohner. Aus demokratiepolitischer Sicht gibt es hier eine interessante Besonderheit: Einmal im Jahr kommen alle auf dem Zaunplatz zusammen. Jeder hat die Möglichkeit, Vorschläge zu Investitionen und Gesetzen zu machen, per Handzeichen stimmen anschliessend alle darüber ab. Ausserdem steht hier die einzige Schabziger Fabrik der Welt, die man im Rahmen einer Führung besichtigen kann.

Das sollten wir uns aber vielleicht aufheben, denn zuerst wollen wir ja die spektakuläre Landschaft der Region im wahrsten Sinn des Wortes erfahren. Dafür starten wir am barrie-

Höhenlage	470 m / 1550 m
Aufstieg	1340 m
Abstieg	1340 m

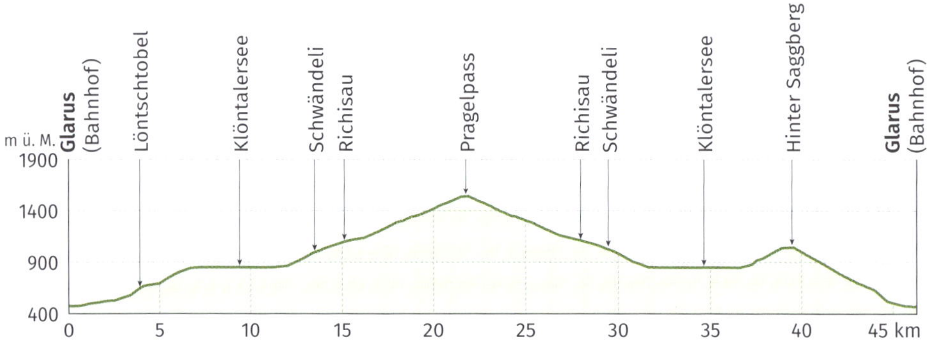

refreien **Bahnhof** in **Glarus**, verlassen den Ort über **Riedern** und gelangen zur **Löntsch**, die uns nun bis zum Klöntalersee hinauf begleiten wird. Wir halten uns südlich des Bachs und können so ein gutes Stück weit der Strasse entgehen. Ein breiter, angenehmer Schotterweg führt uns am Bach entlang, bis wir zu einem kleinen Platz mit Rastbänken gelangen. Nach rechts führt eine kleine alte Steinbrücke über den **Löntschtobel** hinauf zur Strasse. Für eine Alternative durch das Gelände kann man auch weiter links entlang des Bachs verbleiben, muss hier allerdings damit rechnen, dass man das Velo vielleicht zwischendurch schieben muss, und eine Schwierigkeitsbewertung von S1 einplanen.

Das Weiterfahren auf der Strasse ist deshalb eine gute Variante, zumal sie samstags und sonntags für den Autoverkehr gesperrt ist. Oben an der Staumauer angekommen können wir erstmal durchatmen: Vor uns breitet sich der **Klöntalersee** aus und wir fahren nun beinahe eben entlang seines Ufers. Immer wieder bietet sich die Gelegenheit, über ein paar Stufen hinunter zum Wasser zu gelangen. Kajak- und Ruderboote tummeln sich auf dem See.

Dein Raus-Moment

Mach auf der kleinen **Steinbrücke** über den **Löntschtobel** unbedingt eine kurze Pause und lass dich von den rauschenden Wassermassen in der Tiefe beeindrucken. Imponierend ist die gestaltende Kraft des Wassers, schier unvorstellbar die Zeitdauer, die es brauchte, um die Schlucht zu formen …

E-Bike-Ladestationen im Klöntal: beim Hotel Rhodannenberg an der Staumauer des Klöntalersees

Auf den letzten Metern entlang des Sees kommt ein Campingplatz in Sicht, nun wappnen wir uns für die bevorstehenden

rund 700 Höhenmeter Steigung. Wir folgen der Veloland-Route Nr. 83 hinauf in das sich weitende Tal – das umwerfende Bergpanorama entschädigt uns für die Mühen. Bei **Richisau** fahren wir unter grossen Bäumen hindurch und überqueren anschliessend die Kantonsgrenze zur Schwyz. Die schmale Asphaltstrasse führt durch Alpgebiet mit vereinzelten Hütten hinauf zum **Pragelpass**. Hier endet das Klöntal und beginnt das Muotatal. Rund 10 Kilometer Steigung haben wir nun vom Klöntalersee aus hinter uns, da darf man ruhig stolz auf sich sein!

Bis zur Staumauer hinunter folgen wir dem selben Weg zurück. Nach Überquerung des **Rhodannenberg-Staudamms** fahren wir zur **Schwammhöchi** hinauf und können es dann auf der kleinen Asphaltstrasse hinunterrollen lassen bis zu unserem Ausgangspunkt in **Glarus**.

E-Bike-Ladestationen im Berggasthaus Schwammhöhe

Alternative: Von der Schwammhöchi aus ist es nicht weit zum Berggasthaus Schwammhöhe. Von hier aus führt ein Trail im Schwierigkeitsgrad S2 hinunter nach Glarus.

Kultur	●●●●○○
Landschaft	●●●●●●
Familie	●●○○○○

Anfahrt
ÖV: Bahnhof Glarus
Mit dem Auto: A3, Ausfahrt 44 (Niederungen), über Glarus Nord und Netstal nach Glarus, in der zweiten Rechtskurve im Ort nach links zum Bahnhof.

Gemütlich reinsetzen
Hotel Rhodannenberg,
Klöntalerstrasse 36, Klöntal
Gasthaus Klöntal,
Tschachenstrasse 2, Glarus
Gasthaus Richisau, Klöntalerstrasse 106, Glarus
Pragelpasshöhe, Muotathal

Kartentipp
Kümmerly+Frey Velokarte 12 Schwyz - Glarus 1:60 000

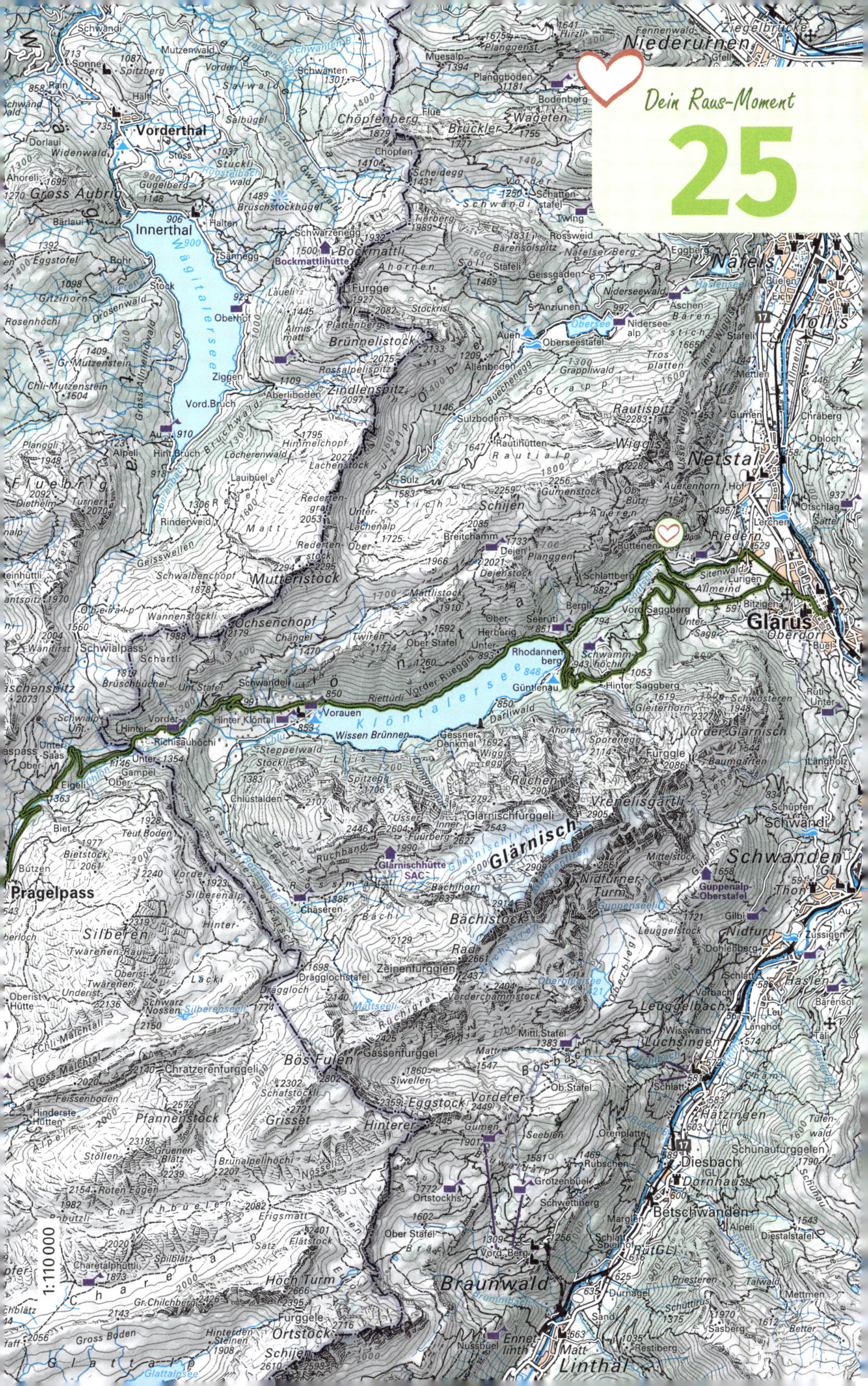
Dein Raus-Moment
25
1:110 000
Niederurnen
Ziegelbrücke
Vorderthal
Innerthal
Wägitalersee
Gross Aubrig
Bockmattlihütte
Brünnelistock
Zindlenspitz
Näfels
Mollis
Obersee
Rautispitz
Wiggis
Netstal
Riedern
Glarus
Schijen
Mutteristock
Ochsenchopf
Klöntalersee
Vorauen
Richisau
Pragelpass
Glärnisch
Glärnischhütte SAC
Vrenelisgärtli
Vorder Glärnisch
Schwanden
Guppenalp-Oberstafel
Bächistock
Silberen
Bös Fulen
Chratzerenfurggeli
Pfannenstock
Ortstock
Braunwald
Linthal
Luchsingen
Leuggelbach
Diesbach
Betschwanden
Hätzingen
Nidfurn
Haslen
Glattalpsee

Dein E-Bike-Lexikon

Die wichtigsten Begriffe erklärt

Schwierigkeit

Die Bewertung des Schwierigkeitsgrads einer Tour erfolgt nach der Länge, den zu leistenden Höhenmetern und der Dauer der Tour.

Leicht:

Einfache E-Bike-Tour bis 45 Kilometer Länge, unter 600 Höhenmetern Aufstieg und bis zu 2 Std. 30 Min. Dauer.

Mittel:

E-Bike-Touren ungefähr ab 50 Kilometern Länge, über 600 Höhenmetern Aufstieg oder ab 3 Std. Dauer.

Schwer:

E-Bike-Touren ab ca. 70 Kilometern Länge, 1200 Höhenmetern Aufstieg oder 5 Std. Dauer.

Singletrail-Skala für die Abschnitte auf Naturbelag

Die sechsteilige Singletrail-Skala (S0–S5) beschreibt, wie technisch anspruchsvoll eine Mountainbikestrecke unter Idealbedingungen wie gutem Wetter ist (Quelle: mountainbiker.ch). Bei S3 beträgt das Gefälle über 70 %, bei S2 bis zu 70 %. In diesem E-Bike-Führer finden sich daher nur Strecken in den Graden S0 und S1, die keine oder Grundkenntnisse voraussetzen. Der Grossteil der Strecken verläuft sowieso auf Asphalt, es sind also keine Singletrails im eigentlichen Sinne.

S0 (sehr leicht):

Weg ohne besondere Schwierigkeiten, flüssige Wald- und Wiesenwege auf griffigen Naturböden oder verfestigtem Schotter.
Wegbeschaffenheit: fester und griffiger Untergrund
Hindernisse: keine Hindernisse
Gefälle: leicht bis mässig
Kurven: weit
Fahrtechnik: kein besonderes fahrtechnisches Können nötig

S1 (leicht):

Weg mit kleineren Hindernissen wie flachen Wurzeln und kleinen Steinen, der Untergrund kann teilweise auch nicht verfestigt sein. Spitzkehren sind nicht zu erwarten. Fahrtechnische Grundkenntnisse und Aufmerksamkeit empfohlen. Anspruchsvollere Passagen erfordern dosiertes Bremsen und Körperverlagerung.
Wegbeschaffenheit: loserer Untergrund möglich, kleine Wurzeln und Steine
Hindernisse: kleine Hindernisse, Wasserrinnen, Erosionsschäden
Gefälle: < 40 % bzw. 22°
Kurven: eng
Fahrtechnik: fahrtechnische Grundkenntnisse nötig, Hindernisse können überrollt werden

Markierte SchweizMobil-Routen

SchweizMobil-Logos für Veloland-Routen sind blau, für Bikerouten ocker. Einstellige Nummern stehen für nationale, zweistellige für regionale und dreistellige für lokale Routen.

Weiterfahren und -wandern

Noch mehr Touren

Du hast noch nicht genug? Viele weitere Regionen warten darauf, entdeckt zu werden. Raus geht es an die frische Luft, zum Velofahren, Wandern und Biken in fantastischen Landschaften!

Raus und E-Biken
Mittelland
ISBN 978-3-259-30013-8

Raus und
Mountainbiken & E-Mountainbiken
Wallis
ISBN 978-3-259-03777-5

Raus und Wandern
Zürich
ISBN 978-3-259-03799-7

Raus und Wandern
Zentralschweiz
ISBN 978-3-259-03798-0

Deine Orienierung

Download der GPX-Tracks

Du planst und navigierst lieber digital? Alle Touren als GPX-Tracks für das Navigationsgerät deiner Wahl findest du auf

www.swisstravelcenter.ch/services/gpx-daten

So landest du direkt im Download-Bereich. Einfach das richtige Produkt auswählen, herunterladen und auf das Zielgerät oder in die gewünschte App importieren.

Impressum

EU: MAIRDUMONT GmbH & Co. KG, Marco-Polo-Straße 1, D-73760 Ostfildern, info@mairdumont.com
1. Auflage 2025 ISBN 978-3-259-30012-1

Konzept und Projektleitung: Johanna Jiranek
Gestaltung, grafische Herstellung: Maria Strobl
Autorin: Maria Strobl: soweit nicht anders angegeben; Hallwag Kümmerly+Frey AG: 15–17, 172.
Titelbild: Am Rhein bei Werdenberg (© Werdenberg Tourismus/Roland Lichtensteiger)

Karten: © Hallwag Kümmerly+Frey AG
Quelle: Bundesamt für Landestopografie swisstopo

Fotos: appenzell.ch (104, 124/125, 126, 127); Appenzellerland Tourismus AR/René Niederer (100/101); Heidiland Tourismus: Thomas Kessler (1, 158), Dolores Rupa (19); House of Winterthur (50); House of Winterthur/Ivo Scholz (46/47); picture-alliance/Prisma (56); Pixabay: (28/29), Markus53 (97), Philoandro (38), rudopix (61 u.); Schaffhauserland Tourismus: Melanie Duchene (58/59), Bruno Sternegg (48, 49); stock.adobe.com: helivideo (15), Adamus (73), architekturimbild (37), Christoph Bisel (24/25), by-studio (162), Christoph (148/149), Cornerman (128), Sina Ettmer (110), hachri (26, 102), Raymond Inauen (108/109), JFL Photography (30), juhanson (144), kaiboehm (22/23), Markus Keller (80), Nicole Keller (60/61), Dieter Kenz (132/133), S J Lievano (36), Lischka.Li (54), Cedric Lüthi (40/41), Mario (145), paulgsell (52/53), PintoArt (174), Conny Pokorny (78/79, 130/131), Steven (98), Taljat (43 u.), Thomas (42/43), valentin (142/143), vli86 (32); Jakob Strobl (14 o.); Maria Strobl (14 u., 64/65, 66, 68, 70/71, 72, 74, 112/113, 114, 115, 116, 118/119, 120, 121, 122, 136/137, 138/139, 140, 146, 150, 151, 152, 154/155, 156, 157, 160/161, 163, 164, 168, 169, 170); Switzerland Tourism: Jan Geerk (166/167), Daniel Loosli (02/03, 88/89), Martin Mägli (34/35), André Meier (106/107), Christian Meixner (76/77); Thurgau Tourismus: comewithus2 (91), Ivo Scholz (82/83, 90), Thomas Staub Photography (84/85, 85, 94/95, 96); Toggenburg Tourismus (134); Werdenberg Tourismus (176); Zürich Tourismus/Elisabeth Real (31)

Illustration: 7DesignUA - stock.adobe.com (Radspur, vordere Innenklappe)

Alle Angaben und Routenbeschreibungen wurden nach bestem Wissen gemäss unserer derzeitigen Informationslage gemacht. Die Wanderungen wurden sehr sorgfältig ausgewählt und beschrieben, Schwierigkeiten werden im Text kurz angegeben. Es können jedoch Änderungen an Wegen und im aktuellen Naturzustand eintreten. Wanderer und alle Kartenbenützer müssen darauf achten, dass aufgrund ständiger Veränderungen die Wegzustände bezüglich Begehbarkeit sich nicht mit den Angaben in der Karte decken müssen. Bei der grossen Fülle des bearbeiteten Materials sind daher vereinzelte Fehler und Unstimmigkeiten nicht vermeidbar. Die Verwendung dieses Führers erfolgt ausschliesslich auf eigenes Risiko und auf eigene Gefahr, somit eigenverantwortlich. Eine Haftung für etwaige Unfälle oder Schäden jeder Art wird daher nicht übernommen. Für Berichtigungen und Verbesserungsvorschläge ist die Redaktion stets dankbar.

Kümmerly+Frey